历代劝农事略

【清】高树枚　高树桓　著
张　波　史全社　点校

西北农林科技大学出版社
Northwest A&F University Press
·杨凌·

图书在版编目（CIP）数据

历代劝农事略 / (清) 高树枚, (清) 高树桓著 ; 张波, 史全社点校. -- 杨凌 : 西北农林科技大学出版社, 2024.4

ISBN 978-7-5683-1413-8

Ⅰ. ①历… Ⅱ. ①高… ②高… ③张… ④史… Ⅲ. ①农业政策—考证—中国—古代 Ⅳ. ①F329.02

中国国家版本馆CIP数据核字(2024)第086454号

历代劝农事略

(清) 高树枚　(清) 高树桓　**著**

张波　史全社　**点校**

出版发行	西北农林科技大学出版社		
地　　址	陕西杨凌杨武路3号	**邮　编**	712100
电　　话	总编室：029-87093195	发行部：029-87093302	
电子邮箱	press0809@163.com		
印　　刷	西安浩轩印务有限公司		
版　　次	2024年1月第1版		
印　　次	2024年1月第1次印刷		
开　　本	787 mm × 1092 mm　1/16		
印　　张	8.75		
字　　数	110千字		

ISBN 978-7-5683-1413-8

定价：38.00元

中華農事史之一

歷代勸農事略

笠園藏本

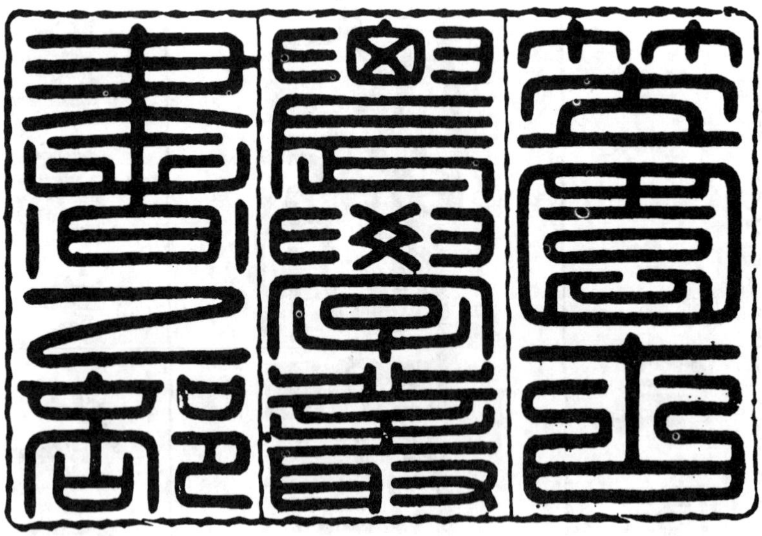

高给谏润生照片

《历代劝农事略》识语

乙卯夏，农校同人有编辑农史之议。时当溽暑，搜集缮写，苦无人任其役。爰抽架上书，命儿子树枚、树桓分编采录。详农事，略农政，从恽君薇孙议也。椎轮引喤，文不必备，从郭君琴石议也。惟克期出书，儿子辈又知识谫陋，阅两月，仅录劝课故事一册，且文多挂漏。兹酌为诠次，厘作二卷，名曰《事略》，亦聊备诸生绵蕞之习焉而已。

时八月既望　高润生

《历代劝农事略》全书校理前言

兹将高氏父子两帙著作集为一书，主旨惟在完善曾注高润生《尔雅谷名考》未尽意涵，见识其古农学丛书结构和先声引喤之功。盖高著首发古农学概念，列《笠园古农学丛书》丛书甲乙丙丁四部体系，并推出著作要义和代表作名目。《尔雅谷名考》为甲部“群经农事考”之范本，其余乙丙丁即史、子、集四部范本，分由高氏子嗣和师友分担。今点校出版《历代劝农事略》系高子树枚、树桓辑录诠释，高氏亲为鉴定。篇帙虽显单薄，却明证笠园古农学丛书结构体系，由经而史、而子、而集云云；其顶层设计不妄，编写路径笃实可信。又据国家图书馆有关文献可知，丙部开篇作为史熙敬、魏化男《齐民要术疏证》，丁部为郭家声编《汉魏六朝农辞选》，充分证明高润生古农学术思想是一完整宏伟的体系。兹标点校理底本，前者采笠园藏本中华农事史之一《历代劝农事略》，后者用《续四库全书总目提要》子部农家类手稿，参之1972年台湾商务印书馆整理出版的《续修四库全书提要》子部农家类提要。据此对两书加以规范标点和适当校释整理，以利便读者参用。

读《尔雅谷名考》知笠园丛书成竹在胸，高氏古农思想实是清民之际，从中西农学交融际会而得之；其人参加农学会又执教农校教育，倾慕西学颇得要领。又高氏之学别有传统，晚清赐同进士出身，参与过《续修四库全书总目提要》事业。鉴原书整理出的提要撰者表，皆晚清民初“一时之选”，第二页第一行正是高润生。附录高氏续四库农家题要，固多种文献价值，而要在辨章其为农家者流学源有本，又可考镜其人与时俱进濡染西洋农学影响。诚为笠园古农学丛书，提供所谓“一次文献”之证据。直白说，新刊《尔雅谷名考》与《历代劝农事略》，亦为追求联袂校理出版之善果，思路与去岁注释《知本提纲》两书同出一辙；即同类书相辅互证，诸多疑虑困惑问题，不释而自明，曾谬称此法为“石敢当”。

现再就题论事，略道高氏劝农文录与续农家提录各自特色。且说《历代劝农事略》，高氏父子著为古农学乙部史事代表作，体现“中华农事历史”部分的旨趣和笔法。劝农为古代重农政治传统，劝勉农夫耕织不违天时，自上古帝王均列为农政之首，高氏史部首言劝农事略是为得道合体。所谓事略乃以历代劝农文为史据，并制定“详农事，略农政”的史法原则，是为得体，欲成古农史部圭臬意味显然。全卷分有上篇，历述自上古伏羲至清代共 71 位帝王君主重农劝勉的重大史事；下篇记历代稷官和大臣及地方官员缙绅近 200 人物故事。通过颁布重农措施特别是劝农文体式，以调动农民生产积极性，推进农业历史发展。劝农文是古代朝野上下行之有效的成法，臻善于北宋，大行南宋后各朝，成为古籍文献重要体式传之后世。

再说《续修四库全书提要》农家类，自有不可估量价值和特色。高氏撰著部分记民国二十六年五月（1937）交稿，著录内容主要为农家书 67 种。起自《养羊法》，至《蚕桑织务纪要》，各种稿本文字尽同无异。清代《四库全书总目提要》是最大的古籍目录题解，近代辗转成就的《续修提要》，全面继承四库提要传统而大增其规模。

高氏续修农家书，显然还保留皇清官修文献体制和气度；但农技记述总嫌质略，加之版本衍变、收藏和流通途径居乱不定，故较当代著录更显粗疏了。考数千年赓不绝农家者流及其书目，自《汉书·艺文志》及历朝经籍志，再加各代官私书目，终于清代《四库全书总目提要》事属必然；而高润生“六十七种”农家类提要，方称最末之页。万川归之，尾闾泄之，中国古农书之洋洋大观于此尽收眼底。

张 波　史全社　癸卯年冬月

目录

历代劝农事略

上 篇

下 篇

历代劝农事略

笠园鉴定　固安高树枚　高树桓同编

上篇

上古三代

录历代君主劝课之事，事迹从详，政令从略。国家常制、诏策空文，皆不录。

上古之世，未有火化食草木之实、鸟兽之肉，未有麻丝，衣其羽皮。伏羲教民，佃渔畜牧，亦只逐水草结网罟，茹毛饮血，闒首[①]卉服[②]而已。

神农氏作斲[③]木为耜，揉木为耒。耒耨之利，以教天下。始艺五谷，农事兴焉。**又日中为市，致天下之民，聚天下之货，交易而退，各得其所。**通工易事，农工商之业始兴。

黄帝画野分州，正经界，定井疆。田里之制昉[④]此。**元妃嫘祖，教民育蚕，治茧丝，以供衣服。**蚕桑之利昉此。

少昊氏以鸟纪官，立九扈[⑤]，为九农正。春扈趣民耕种，夏扈趣民耘苗，秋扈趣民收敛，冬扈趣民盖藏，棘扈为果驱鸟，行扈昼为民驱鸟，宵扈夜为民驱兽，桑扈为蚕趣雀，老扈趣民收麦，令不得晏起[⑥]。**扈民无淫，劝农之事起焉。**后世农官之制，此其权舆。

唐尧命羲和定四仲[⑦]，授民时。百姓始知农宜。**命后稷教稼穑。**五谷熟，而民人育。**一民饥，则曰"我饥之"。一民寒，则曰"我寒之"。**后世重农之诏，实肇端于此。

虞舜微时[⑧]，耕于历山，人皆让畔[⑨]。渔于雷泽，人皆让居。

---

① 闒首：sànshǒu，覆冒其首，即今雨笠。

② 卉服：用絺（chī）葛做的衣服。

③ 斲：zhuó，砍，削。

④ 昉：fǎng，开始。

⑤ 扈：官名。

⑥ 此句"趣民"，趣音 cù，有督促，催促之意。"趣雀"趣音 cù，有驱趋之意。

⑦ 四仲：农历四季中每季的第二个月的合称，即仲春（二月），仲夏（五月），仲秋（八月），仲冬（十一月）。

⑧ 微时：微贱的时候，指未显贵。

⑨ 舜耕于历山之典故，先秦两汉广为记载。《韩非子·难一》："历山之农者侵畔，舜往耕焉。期年，圳亩正。河滨之渔者争坻，舜往渔焉。同年，而让长。"《管子·版法解》："凡所谓能以所利利人者，舜是也。舜耕历山，陶河滨，渔雷泽，不可其利，以教百姓，百姓举利之。"

陶于河滨，器不苦窳[①]。农业、渔业、陶器，咸取法焉。**即位，重民时，兴民业，歌《南风》之诗，令民解愠**[②]**阜财**[③]。与尧时《击壤歌》，皆农辞之祖。

夏禹平水土，别九州，修六府，金、木、水、火、土、谷。**三事，**正德、利用、厚生[④]。**则壤成赋，使民无溺、无饥。**《禹贡》一篇，为后世田赋制与统计学之标准。

商汤祀弃以配稷。弃即尧时之后稷也。旧以烈山氏之子柱配稷，至是乃易以弃。**因旱灾，祷于桑林。以六事自责，**六事谓：政不节與？民失职與？宫室崇與？女谒[⑤]盛與？苞苴[⑥]行與？谗夫昌與？**天乃大雨。**后世祭天祷雨者，当以此为法。

周自弃封于邰，即《生民》诗所谓"有邰家室"。**世修农业。至公刘迁豳，相阴阳，观流泉，度隰原，彻田为粮。**始改夏贡、殷助之法[⑦]。**太公迁岐，筑室周原，疆理宣亩。**民归如市。**文王卑服，即康功**[⑧]**、田功**[⑨]。周以稼穑开基，故享国最为长久。

---

① 刘向《新序·杂事》："陶于河滨，河滨之陶者器不苦窳。"窳，yǔ，粗劣。

② 解愠：jiěyùn，消除怨怒。

③ 阜财：厚积财物。

④ 语出《尚书·大禹谟》"正德、利用、厚生，惟和"。正德，指对个体品性、修养、行为的要求和标准，是谓"正身之德"。利用，指充分发挥物体的功效，达到物尽其用，不浪费，不奢靡。厚生，指尊重、关爱、厚待社会民生及一切生命体。关爱民生，兼及天下。

⑤ 女谒：指女宠。

⑥ 苞苴：bāojū，苞通包，贿赂。

⑦《孟子》："夏后氏五十而贡，殷人七十而助，周人百亩而彻，其实皆什一也。"贡、助、彻，皆田赋制度。

⑧ 康功：平整道路。

⑨ 田功：进行农事。

秦—南北朝

秦自周室东迁，得西周故地，国日富强。孝公时，任商鞅，开阡陌，废井田，沟洫之制，由此而坏。**急耕战之赏。**兵农并重，尚不至以战废耕。**虽事不师古，然犹以务本之故，倾邻国，而雄诸侯。**始皇时，吕不韦招宾客，著《十二纪》[①]，为汉曲台[②]记月令一篇之原始。后世言农时者，咸取资焉。

汉兴，安辑农民。孝惠帝时，举民力田者，复其身。史称其时民务：稼穑、衣食、滋殖[③]。

孝文帝复开藉田[④]，躬耕以劝百姓。诏曰：农，天下之大本也，民所恃以生也。故今兹亲率群臣，农以劝之。

景帝继之，尤以伤农事、害女红，为大戒。诏曰：雕文刻镂，伤农事者也。锦绣纂组[⑤]，害女红者也。间岁或不登，意为末者众，农民寡也。其令郡国务劝农桑，益种树，可得衣食物。

武帝时，贯朽粟腐[⑥]，虽征伐频兴，不免虚耗。然晚年悔过，亦一意重农。封丞相为富民侯，并置搜粟都尉。又遣谒者劝有水灾郡，种宿麦。举吏民能假贷贫人者，以名闻，亦所谓急耕战之赏，兵农并重者也。

昭帝初即位，即耕钩盾[⑦]弄田。钩盾，宦者，近署。时帝年九岁，试耕为戏弄也。西京之有弄田，自此始。**欲知稼穑艰难后，复诏三辅太常郡，**太常，主诸陵园，别治其县。爵秩如三辅郡也。

① 《吕氏春秋》“十二纪”是一种农历纪法，一年分四季：春、夏、秋、冬。一季分三月：孟、仲、季。共十二纪。

② 曲台：秦汉宫殿名，汉时作天子射宫，又产为署，置太常博士弟子，为著记校书之处。

③ 滋殖：滋长繁殖。

④ 藉田：古代天子、诸侯征用民力耕种的田。

⑤ 锦绣纂组：指编织精美高贵的丝织品。

⑥ 贯朽粟腐：意思是穿钱的绳子朽断，仓库的粮食腐烂。表富有之极。

⑦ 钩盾：古代职官和官署名。

得以叔粟叔同菽即豆也。**当赋，并普减口赋钱**，有司奏减十三，许之。**故耕桑者益众。**

宣帝时，遣使者振贷困乏，令太官损膳省宰，乐府减乐人，使归就农业。丞相以下至都官、令丞上书入谷，输长安仓，助贷贫民。民以车船载谷入关者，得毋用传。传，传符也。欲谷之多，故不问其出入也。**后以岁数丰穰，乃立常平仓。谷贱时增价而籴，贵时减价而粜，以利民也。常平仓之名，自此始。**

元帝以三辅、太常、郡国公田、及苑可省者，振业贫民。赀不满千钱者，赋贷种食。又令太仆减食谷马，罢甘泉建章宫卫，令就农。与宣帝减乐人，使归就农，一意。**以上皆西京劝农之美政，此后成帝劭**[①]**农之诏，**劭即劝勉。**平帝立官稷之典，**汉初，社稷并祀一处。至此乃立官稷于别所也。**则具文而已。**

后汉世祖，少勤稼穑。兄伯升[②]常非，笑之、比之高祖兄仲[③]。**即位后，尤重农事。二年，野谷旅生，**不种而生，曰旅。**麻尗**俗作菽。**尤盛。野蚕成茧，被于山阜，人收其利。六年，以谷价腾跃，人用困乏，命郡国有谷者给禀。**《说文》："禀，赐谷也。"**并诏二千石勉加循抚，无令失职。十六年，以郡国盗戢，徙盗魁于它郡。赋田受禀，使安其业。厥后陈留雨粟，京师出醴泉，生朱草，皆瑞应也。**此史臣颂辞。天道远，人道迩，不必深信。

明帝重春时，喜蚕麦。三年，诏曰：春者岁之始，始得其正，则三时有成。有司其勉，顺时气，劝督农桑。十年，诏曰：昔岁五谷登衍，今兹蚕麦善收，其大赦天下，以报农功。

---

① 劭：音 shào，意为劝勉。

② 刘縯（？—23 年），字伯升，南阳郡蔡阳县人。汉朝宗室大臣，东汉光武帝刘秀同母兄。

③《后汉书》："世祖光武皇帝讳秀，性勤于稼穑，而兄伯升好侠养士，常非笑光武事田业，比之高祖兄仲。"此处为简引《后汉书》。

百姓勉务桑稼，以备灾害。厥后，比岁登稔[①]，百姓殷富。粟斛三十，牛羊被野。

章帝恐受廪妨耕，以“方春东作，人稍受廪，往来烦剧，或妨耕也[②]”。**忧久旱伤麦。又以肥田多未垦辟，乃悉以赋贫民，给与粮种，务尽地力。尝行秋稼，观收获，动务省约，患不能脱粟瓢饮。其节用爱民，类如此。**

和帝爱养元元[③]，令郡县劝民蓄蔬食，以助五谷。其官有陂池，令得采取。又弛山林之禁，兴沟渠之利。恤灾赈乏，岁不绝书。史称自中兴以后，逮于永元，齐民岁增，辟土世广，非偶然也。

此后，安帝诏上林、广成苑，可垦辟者赋与贫民。诏长吏案行在所，皆令种宿麦蔬食。

下至献帝，仍以岁饥出太仓米豆，为饥人作糜。亲于御坐前，量试。盖汉制，力田与孝弟并重，故两汉诸帝皆务农重谷，终汉世不失富庶。两汉循吏，亦多以劝课为本务，习尚使然尔。

三国时，魏之兴也。由董卓之乱，天下流离，民失农业。太祖操募民屯田，许下得谷百万斛。于是州郡例置田官所在，积粟仓廪皆满。时袁绍在河北，军人仰食桑椹。袁术在江淮，取给蒲蠃[④]，惟操以屯田足。

蜀汉后主，任丞相亮，务农殖谷，闭关息民。嗣以伐魏，转运不便，又分兵屯田于渭滨，军中粮饷赖以无溃。亮初躬耕南阳，后于成都治田十五顷，种桑八百株，乃真知农桑之要者。

---

① 登稔：dēngrěn，意思五谷丰收。

② 廪：给也。出自《后汉书·肃宗孝章帝纪》：“建初元年春正月，诏三州郡国：方春东作，恐人稍受廪，往来烦剧，或妨耕农。”

③ 元元：指人民、百姓。

④ 蒲蠃：púluǒ，蚌蛤之属。

吴主权亦以所在少谷，从陆逊[①]**之请，增广农亩，令诸将屯田，并父子亲自受，与众均劳。**后有野蚕成茧，大如卵。由拳野稻自生，改属禾兴县。

南北朝，中原版荡。晋初，以江南未平，朝廷励精稼穑，躬耕藉田，为天下倡。

元帝东渡，尤力行课，诏二千石长，以入谷多少为殿最[②]**。又以徐、扬土宜二麦，督令熯**[③]**地，投秋下种，至夏而熟。新故之交，于以周济。**

宋文帝时，亦以谷稼损伤，令南徐、兖、豫及扬州、浙江、江西属郡，悉督种麦，以助阙乏。

北魏既定中原，分徙吏民十万余家，以充京师。各给耕牛，计口授田。太武帝令有司课畿内之人，各列家别口数。所种顷亩，立簿目，标姓名，以辨播殖之功。又置八部帅[④]**，监课农耕。自后，比岁**[⑤]**大熟，**

北齐武成帝时，亦重农事。令每岁春月，各依乡土，早晚课人农桑。自春及秋，男子十五以上，皆就田亩。桑蚕之月，妇女十五以上，皆营蚕业。务使地无遗利，人无游手。南朝齐、梁、陈所下诏书，多官府具文。北朝周、隋所立法制，亦国家常典。事殊耕作，姑不具录。

---

① 陆逊（183—245年），本名陆议，字伯言，吴郡吴县华亭人。汉末三国时期吴国政治家、军事家。

② 殿最：古代考核政绩或军功，下等称“殿”，上等为“最”。

③ 熯：hàn，焚烧。古代有“火耕水耨”之耕种中技术。用火焚烧杂草，可起到除草和汇肥的作用。

④ 八部帅，古代官制名，官名合称，北魏置。掌监督京畿之外诸部的生产及赋役征收。

⑤ 比岁：连年。

唐—宋

唐承陈、隋，离乱之后，民多失业。太宗锐意图治，尝于武成殿赐宴，访旧相识者，问即日政教得失、人间疾苦，戒勿面谀。察官司应授田而不授、应课农桑而不课者，严禁之。故其时，民物蕃息，号称太平。

高宗即位，耕藉东郊。有司进耒耜，雕饰之。帝曰："耒耜，农器也。今雕饰何以训农？"以他耒耜耕，竟九推乃止。又尝下诏曰：朕思还淳返朴，示天下以质素。如游手堕业时，稍不丰，便致饥馑。其异色绫锦，靡费既广，且害女工，务遵节俭也。

元宗尝躬耕于兴庆宫侧，后又种麦苑中。率太子以下亲往收获，谓："此所以荐宗庙，不敢不亲，且欲使汝曹[①]知稼穑艰难尔。"因分赐侍臣，谓曰："比岁令人巡检苗稼，所对多不实，故自种植以观其成。且《春秋》书麦禾，岂非古人所重也！"

代宗敕毁郑、白二渠支流碾硙[②]，时权豪多旁渠立硙，潴[③]水专利。李栖筠、黎干等，奏请毁之，故有此敕。禁分水令，得益溉田。升平公主[④]有二硙，请毋毁。帝曰："吾欲利民也，汝当识吾意为众先。"竟毁之，渠流大畅，百姓蒙利。

德宗贞元五年初，以二月为中和节。令百官进农书，司农献穜稑[⑤]之种。遣祭勾芒[⑥]，祈年。王公戚里上春服，士庶以刀尺相问遗，村社作中和酒[⑦]。六年中和节，宴群臣于曲江亭。是

① 汝曹：你们。

② 碾硙：niǎnwèi，利用水力启动的石磨。

③ 潴：zhū，水积聚。

④ 升平公主（？—810年），陇西成纪人，唐肃宗李亨孙女，唐代宗李豫第二女，母为崔贵妃。

⑤ 穜稑：tónglù，先种后熟谓之穜，后种先熟谓之稑。

⑥ 勾芒：古代传说中主管树木的神。

⑦《旧唐书·本纪》卷十三："王公戚里上春服，士庶以刀尺相问遗，村社作中和酒，祭勾芒以祈年谷。"

日百僚进《兆人本业》[①]三卷，司农献黍粟各一斗。七年，关辅牛疫，遣中使以诸道两税钱置牛，散给耕者。

宪宗时，置振武、天德二军名。营田，开田四千八百顷，收谷四千余万斛[②]。岁省度支钱二千余万缗[③]，兵食皆足。

宣宗久历艰难，备知人间疾苦。宫中衣浣濯之衣，常膳不过数器。岁或小饥，忧形于色。时克复河湟，诏募百姓垦辟三州（秦、原、安乐）、七关石门、驿藏、制胜、峡、木峡、六盘、萧。土田。并令将吏为营田官给牛种。十余年间，颂声载路。此后懿僖守位，变乱潜滋，寇贼繁兴。各节度亦互征讨，干戈日起，农事遂荒。

五代兵乱荐[④]兴，人民流徙，荡其本业。惟后唐明宗，尝幸龙门七里亭，农事方春，田民遍野。帝枉驾劳问，亲自劝课。是月，太原石敬塘，进耒耜一具。盖其时帝尝巡近郊，见农民田具细弱，而犁耒尤拙，曰“农具若此，宜其无所获也”。因诏河东、河北进农具，以为式样。故太原首有是进。中国农器素拙，近多改良之，法实属今胜于古。

又后周太祖一意恤民，罢营田务，唐末宿兵所在，皆置营田以耕旷土。其后又募高赀戶[⑤]，使输课佃之。户部别置官司，领其事，至是以其民隶州县。田庐牛具，并赐佃者为永业。除租牛课。初，梁太祖击淮南，得牛万计，以给农民，使岁输租。牛死而租不除，周主素知其弊，至是悉罢之。尝曰：“利在于民，犹在国也，朕用此钱何为？”

---

①《兆人本业》三卷，为唐代武则天删定，我国历史上最早的官修农书。

② 斛：hú，中国旧量器名。唐之前，斛为民间对“石”俗称，1斛=1石=10斗=120斤。

③ 缗：mín，指成串的铜钱，一千文为一缗。

④ 荐：屡次。

⑤ 高赀戶：富有的人家。

世宗亦留心农事，尝刻木为耕夫、织妇、蚕女之状，置之殿庭，欲见之而不忘，并召近臣观之。学士承旨，陶谷[①]尝为文，以纪其事。

宋初命长吏谕民：有能广植桑麻，垦辟荒田者，止输旧租。县令佐能招徕劝课，致户口增美，野无旷土者，议赏。诸州各随风土所宜，量地种艺。时太祖屡幸玉津园观稼，并观刈麦种稻。又遇雨不时，若水旱，辄躬祈祷，忧形于色。召学士咨访，即田家卜岁丰凶、雨旸有验者，毕咨之。遇丰岁，则谕民谨盖藏，节费用，以备不虞。

太宗太平兴国中，两京、诸路许民[②]共推练土地之宜，明树艺之法者一人，县补为农师。令相视田亩肥瘠，及五种所宜。民有饮博怠于农务者，农师谨察之，白州县论罪以警游惰。所垦田即为永业，官不取其租。此事后以烦扰而罢。初，农时，太宗尝令取畿内青苗观之，听政之次，出示近臣。是岁，畿内菽粟苗，皆长数尺。帝顾谓左右曰："朕每念耕稼之艰，苟非兵食所资，固当尽复其租税。"又尝游金明池，召田妇数十人于殿上。赐席使坐，问以民间疾苦。田妇愚戆[③]，无所隐避，赐帛遣之。又尝出南薰门，观稼。召从臣列坐田中，令民刈麦，咸赐以钱帛。端拱[④]初，又命江南诸州长吏，劝民种粟、麦、禾、豆，其种由淮北州郡给之。命江北诸州，就水广种秔稻，其种则由江南取之。雍熙时，又幸城南观麦，赐田夫布帛。有差谓近臣曰："耕耘之夫，最可矜悯。春蚕既登，

① 陶谷（902—970 年），本姓唐，字秀实，邠州新平人。周世宗柴荣继位陶谷任户部侍郎。

② 原书此处缺一"民"字，据《宋史》卷一百七十三，志第一百二十六补。

③ 愚戆：yúzhuàng，愚笨戆直。

④ 端拱（988—989 年）是宋太宗的第三个年号。

并功绩纺，而缯帛[①]不及其身。田禾大稔，充其腹者，不遇蔬粝。若风雨乖候，稼穑不登，将如之何？”

真宗幼时，乳母秦国夫人刘氏，本农家妇也。喜言农家事，真宗稔问之，故知一盂之饭，一尺之帛，莫不出于艰难。即位后，亦深重农事。景德初，以诸州不堪牧马，闲田招主，客户多方。种莳又以河北兵罢[②]，民始务农田创什器[③]，遂权[④]除生熟铁渡河之禁。是岁，并命权三司使丁谓[⑤]取户税条敕，及臣民所陈农田利害，成《景德农田敕》五卷，以备观览。祥符中，江淮、两浙田不登，乃遣使就福建，取占城稻三万斛，分给三路为种。择民田高仰者，莳之。内出种法，命转运司揭榜示民。后又种于玉宸殿，帝与近臣同观，毕刈遣内侍持于朝堂，以示百官。又取淮楚间踏犁式，颁之河朔。踏犁，不用牛，以人运之也。天禧时，又诏馆阁，校勘《四时纂要》《齐民要术》二书，镂本摹赐。又出绘龙封鹅祈禳秘法，令长吏遵行。又置劝农使，凡奏举亲民之官，悉令条析劝农之绩，以为殿最。故自景德以来，四方无事，百姓康乐，户口蕃庶，田野日辟。

仁宗继之，益务敦本重农。观稼于郊，岁一再出。置迩英、延义二阁，写《尚书·无逸篇》于屏。又于后苑作宝歧殿，岁观刈麦，闻民舍机杼声，赐织妇茶帛。尝谓辅臣曰：“朕作此殿，不欲植花卉，而岁以植麦，庶知稼穑之不易也。”后哲宗，亦尝召辅臣，观稼苑后。景佑时，复规度水利，募民耕垦。宝元初，又命诸州旬上雨雪，著为令。后又从韩琦言，置广

---

① 缯帛：zēngbó，丝绸之统称。

② 兵罢：战争停止。

③ 什器：指人们日常生活中使用的各种器具，古称什器。

④ 原书缺“权”字，据《宋史·志·卷一百二十六》补出。

⑤ 丁谓（966—1037年）字谓之，后更字公言，苏州长州人。北宋文学家，官至宰相。

惠仓。皇佑中，彭山县上《瑞麦图》。凡一茎五穗者，数本。帝曰："朕尝禁四方献瑞，今得西山麦秀图，可谓真瑞矣！"因赐田夫束帛，以劝之。宋初重农之意，远追两汉。惟自神宗，遣八使行诸路，察农田水利，赋役渐滋烦扰。又用王安石青苗法，尽废常平、广惠旧制，民怨沸腾，国本乃摇。至徽宗时，虽有劝农黜陟法与劝农十二事，亦皆空言，无裨事实矣。

南渡后，高宗锐意招抚，命有司诱农民归业，赈贷之。而蠲[①]其租欠，免耕牛税。又立《守令垦田殿最格》，令县具归业民数及垦田多寡。月上之州，州季上转运，转运岁上户部，户部置籍以考之。尝亲飨[②]先农于东郊，行藉田礼。又颁诸农书于郡邑。复于后圃，令人引水灌畦，种植。诏曰：朕闻祖宗禁中有打麦殿，今为此，亦欲知稼穑艰难也。

孝宗时，以"均役法，严限田，抑游手，务农桑。"为要政。复命诸州岁买稻种，备农民之阙。诏监司、守令劝课农桑，以奉行勤惰为赏罚。

宁宗时，亦命两淮诸州，劝民垦辟荒田。并命两淮转运司，给民麦种、稻种。

理宗时，犹用孟珙[③]创堰溉田之法，致边储丰足。卒以灭金，迨蒙古失和，军旅仓皇，农事乃不暇问矣。后复用贾似道为藉田令，勒买公田，民心益涣。故北宋之亡，青苗法酿之。南宋之亡，亦贾似道辈，假公营私之，有以促之也。

---

① 蠲：juān，免除。

② 飨：xiǎng，通"享"，表示祭祀。

③ 孟珙（1195—1246 年），字璞玉，号无庵居士。随州枣阳人，南宋中后期军事家。

元—清

元承辽金之后，据有北土。辽兴宗早岁习知稼穑，留意耕耘种植，尝禁诸职官，不得造酒糜谷。金章宗亦留心农谷，尝令州郡，于诸路禾稼及雨水多寡，皆随时报闻。宣宗亦尝令三司行部官，劝民种麦。**世祖即位之初，即以姚枢[①]为京兆，劝农使教民耕殖。统一后，立劝农司，分布劝农官巡行郡邑。察举勤惰，并立大司农司，专以劝课农桑为务。又虑田里之人，虽能勤身从事，而播殖之宜，蚕缫之节，或未得其术。则力劳而功寡，获约而不丰。乃命司农司[②]遍求古今农家之书，披阅参考，纂为《农桑辑要》颁布天下。又命县邑所属村疃[③]，凡五十家立一社。择高年晓农事者，一人为之长，以教督农民。其种植之制，每丁课种桑枣二十本，或榆柳，皆以生成为数，愿多种者听并令种苜蓿，以防饥。近水之家，许凿池养鱼并鹅鸭，莳莲藕、菱芡、蒲苇等，以助衣食。并令州县正官，巡视有蝗蝻遗子之地，多方设法除之。又屡禁诸道戍兵及势家，纵收畜犯桑枣禾稼。又尝命管民官，劝课百姓，开垦田土，种植桑枣。不得擅兴不急之役，妨夺农时。故终世祖之世，家给人足。**

成宗时，罢妨农之役，申扰农之禁。力田者有赏，游惰者有罚。故大德之治，亦几于至元。

武宗时，申命大司农总挈天下农政，修明劝课之令，除牧养之地，余皆听民秋耕。又尝以和林省[④]言：贫民自迤北来者，四年之间糜粟六十万石，农具二万。诏尚书枢密差官与和林省臣，核实给赐农具、田种，俾自耕食其续。至者户以四口

① 姚枢（1203—1280 年），字公茂，号雪斋、敬斋。金末元初政治家、理学家。

② 司农司：官署名，元朝设立的专门管理农业的机构。

③ 疃：tuǎn，村庄。

④ 和林，蒙古国都城，元代为岭北行省治所。

为率，给之粟。

仁宗复申秋耕之令，并谕司农举谙知农事者用之。且令印《农桑辑要》万部，颁降有司遵守劝课。又刊印司农丞苗好谦[①]所撰《栽桑图说》千帙，散之民间。初，帝尝至漳河，值大风雪，田叟有以盂粥进者，近侍却不受。帝曰："昔汉光武为寇兵所迫，食豆粥。大丈夫不备尝艰阻，往往不知稼穑艰难，以致骄惰。"命取食之，赐叟绫一匹慰遣之。行次邯郸，又谕县官曰：吾虑卫士不法，胥吏科敛重，为民困。命从巡行察之。尝御便殿，李孟进曰："陛下御极，物价顿减，方知圣人神化之速，敢以为贺。"帝蹙然曰："卿等能尽力赞襄，使兆民乂安，庶几天心克享，今秋成尚未襄，必宁有物价顿减之理？朕托卿甚重，兹言非所赖也。"孟愧谢。又河间等路，尝献嘉禾有异亩同颖，及一茎数穗者，帝命赵孟頫绘图藏诸秘书。大同路宣宁县，民家尝产犊而死，颇类麒麟，车载以献左右曰："古所谓瑞物也。"帝曰："五谷丰熟，百姓安乐，乃为瑞耳。"

英宗诏画《蚕麦图》于鹿顶殿，以时观之。

泰定帝颁农桑旧制十四条于天下。

顺帝时，又从托克托[②]言，立分司农司于京畿近水地。召募江南能种水田，及修筑围堰之人，为农师。教民耕种，以不烦海运，而京师自能足食。为期然未及收效，而群盗蜂起，天下骚然，农民又失业矣。元世劝农多颁发图书，而以《农桑辑要》一书为最重，亦官书中之最善本也。

---

① 苗好谦，古代著名农学家，元代成武焦村人。著有《栽桑国说》，参与编撰《农桑辑要》。

② 脱脱（1314—1356 年），亦作托克托·脱脱帖木儿，元朝后期政治家、军事家。

明太祖起自田间，备尝艰劬[①]**，故注意农事独为肫挚**[②]**。渡江之初，庶务未遑，即以康茂才**[③]**为督田使。谕以巡行堤防水利事，俾高无患干，卑不病潦，以时蓄泄，毋负委托。即位之初，躬享先农，以后稷氏配，遂耕藉田于南郊。**太祖尝曰："耕藉[④]，一以供粢盛，一以劝农务本也。朕即位以来，恒举行之。惟欲使民尽力于农亩，以遂其生养，非虚文也。"**又命皇后率内外命妇，蚕于北郊，岁以为常。后以夏久不雨，帝乃素服草履，徒步诣山川坛躬祷。设槁席露坐，昼曝于日，夜卧于地。皇后躬执爨为农家食，皇太子捧榼**[⑤]**进。凡三日，已而天大雨沾足。时有司考课，必书农桑之绩，违者罚。又课百姓植桑枣，栽麻与木棉，著为令。又月旦，必召京师父老，谕以力田。命天下乡置一鼓，遇农月，晨鸣鼓，众皆会，及时服田。其惰者，里老督劝之，不率者罚。里老惰不督劝者，亦罚。其劳心农事，类如此。初帝为吴王时，出视圜邱**[⑥]**，世子从行。上因命左右导之，遍历农家，观其居处、饮食、器用，还谓之曰："汝知农之劳乎？夫农惟五谷，身不离畎亩，手不释耒耜，终岁勤动，不得休息。其所居不过茅茨**[⑦]**、草榻，所服不过练裳布衣，所饮食不过菜羹粝饭，而国家经费皆其所出，故令汝知之。"又帝尝幸钟山，自独龙冈步至淳化门，谓侍**

---

① 艰劬：jiānqú，艰辛劳苦。

② 肫挚：zhūnzhì，真挚诚恳。

③ 康茂才（1314—1370 年），字寿卿，明湖广蕲州人，明朝初期将领。

④ 耕藉，gēngjiè 古时每年春耕以前，天子、诸侯举行仪式，亲耕藉田，种植供祭祀用的谷物，并以示劝农。

⑤ 榼：kē，古代贮水的器具。

⑥ 圜邱：同"圜丘"，高大的圆形土兵。

⑦ 茅茨：máocí，茅草盖的屋顶。

臣曰："朕不历田亩久，适见田者冒烈暑，而耕心恻然悯之，不觉徒步至此。农为国本，百需皆所出，而辛苦若是，司牧者曷念之？"

文皇继统，命宝源局铸农器，给山东等诸被兵处。并征耕牛于朝鲜，送至万头。每头酬以绢一匹，布四匹，以其牛分给辽东诸屯士。又谕户部，安辑流徙废业农民，毋令失所。尝北征，有军士取田谷饲马者，斩以徇。

仁宗为监国时，尝赴召过邹县道，逢饥民恻然下马。入民舍见男女皆衣百结[①]，灶釜倾仆，叹曰：民瘝[②]不上闻，至此乎！因召父老，问所苦，赐以尚食。及登极，谕户部，令天下卫所屯田军士，不许擅差，妨其农务。每曰："为人君止于仁，救困穷，当如拯焚溺，不可缓也。"在位仅十月，而德政颇多，故庙号曰仁。

宣宗旧劳于外，知小人之依。永乐时，尝从幸北京，令观农具及田家衣食，作"务本训"授之。及嗣位，礼部进《藉田仪注》，帝览之，谓侍臣曰："先王制藉田，率天下，务农贵有实心耳。诚念创业艰难，忧恤苍生，轻徭薄赋，贵谷重农，禁止游食，则人咸趋稼，不待劝率。不然，三推五推何益哉？"又尝阅内库书画，得元赵孟頫所绘《豳风图》，赋诗一章，命侍臣书于图右，而揭诸便殿之壁。尝夏日朝退，语侍臣曰：天气向炎，正农夫耕耘时也。因咏聂夷中[③]"锄禾日当午"句，曰："吾每诵此，未尝不念农人。"又尝作《耕夫记》《织妇词》，绘图揭于宫。掖及戚里，令知民事之艰。又曰"朕八九岁读书，

① 百结：用碎布缀成衣服，形容衣多补缀。

② 瘝：guān，疾苦。

③ 聂夷中（837—？年），河南人，唐末诗人。

皇考亲写是诗，以示问曰：解否？对曰：稼穑艰难在此也。自是常教以农事，故铭于心不敢忘”。

景泰帝诏畿内及山东巡抚，举廉能吏，专司劝农。授民荒田，贷牛种。诏贵州各卫，修举屯田。

孝宗锐意图治，农桑不扰，蠲恤频行。先是贵戚内臣，往往受奸民投献，奏讨庄田。至是王府之兼并，豪右之侵据，悉厘正之。

世宗命群臣陈民间利病，诏农官不许兼营他差，专一循行劝课。又建先蚕坛于北郊，行祈谷礼于大祀殿。召学士翟銮等，偕往西苑，视收获。上御豳风亭，谕诸臣曰：“农之劳苦，亲见为真。圣祖尝有训曰：‘衣帛当思织妇之劳，食粟当思农夫之苦。’以此观之，委为粒粒辛苦也。”又特建无逸殿，书《周书·无逸篇》于其壁。题其旁亭，曰省耕，曰省敛，曰恒裕。刻《新兴献考》《睿制农家忙律》于殿壁，御为文以记之。十八年还自显陵，途中为赋麦浪诗。十九年祷雨，二十年祷雪。有应，皆赋诗志喜。盖具见恭俭之思焉。此后，神宗亦留心民事，祷雨祈年。谕吏民及时农桑，勿事游惰。故虽朝政日替，而农业无荒。说者谓：“有明一代休养生息，诚为恪重农事。惟燕赵，古称雄富，而乃远漕数千里之粟于东南，近弃可耕之地于三辅，使畿甸一望萑苇，海壖[①]率成沮洳[②]。是西北之地利，未尽垦也。三吴昔号泽国，而乃急期会之报于催科，缓劝相之法于抚字。致塘浦淤而不治，堤防缺而不修。是东南之水利未尽复也，故识者终惜之。”

① 海壖：hǎiruán，海边地。

② 沮洳：jùxù，低湿的地方。

清兴满洲，太祖开基固疆，圉[①]修边备，即以重农积谷为先务。

太宗谕：田畴庐舍，民生攸赖。树艺之法，随地所宜。耕牛须善饲养，徭役勿累贫民。若伤稼害畜，惟牛录额真[②]是问。崇德二年，复谕：勤督耕耘，废农事者罪之。

世祖定鼎后，以兵兴以来，地多荒芜，民多逃亡。谕所司广加招徕，缓议征收，务使逃民复业，田地开辟。各州县以招民劝耕之多寡为优劣，道府以责成催督之勤惰为殿最。顺治八年，以各处圈占民地，畋猎[③]来往，恐妨民事，命各退还原主，令其乘时耕种。十二年，复谕令内外大小官员，悉心条奏，通达下情。凡横敛私征，暗加火耗；荒田逃户，洒派包赔；非时预征，蠲免不实；灾伤迟报，踏勘骚扰，妨夺农时等弊，一切严行禁革。

圣祖在位最久，农民受泽亦最深。其惠民要政，如康熙十二年，以垦荒定例，俱限六年起科。因思小民拮据，开荒物力艰难，恐催科期迫，反致失业。谕以后各省，开垦荒地，通计十年，再行起科。二十九年，诏各省遍设常平及义仓、社仓以备饥馑。三十二年，以国家经费充足，将灾歉，各省地丁额赋，通行蠲免。历年旧欠，亦悉与豁除。此后凡遇灾荒，其施惠类如此。又天气雨旸，河渠通塞，每一一体访。惟虑民间疾苦，壅不上闻。至五十二年，诏编审人丁，止造清册。其征收钱粮，但据五十年丁册，定为常额，永不加赋，则尤

① 圉：yǔ，“御”的通假字，防御，抵御。

② 牛录额真：官名。早期满族出兵或狩猎时，按家族村寨组织队伍，每十人选一人为首领，称为牛录额真，箭主之意。

③ 畋猎：tiánliè，打猎，狩猎。

振古未闻之旷。典又诏绘《耕织图》各二十三幅，幅系一诗，自始事，迄终事。于农人胼手胝足之劳，蚕女茧丝机杼之瘁，皆备极其情状。关心民瘼，委曲周至，亦可谓罕有伦比矣！又帝于巡幸所至，物性土宜，皆留心考察。凡谷稼果品，结实放花之迟早，与土壤冷暖燥湿之区别，无不详悉。研求宣示吏民，使知随时随地种植收获之宜，与预防灾祲[①]旱涝之术，勤明慈惠。称曰：圣仁，洵无愧焉。

世宗、高宗承其遗绪，丁粮合征办法，自雍正初年试行，至乾隆三十年后，始一律就绪。**复于水利之兴修，树木之栽植，以及沟渠蓄泄，畜牧滋丰，皆深致讲求，不遗余力。乾隆中，并敕撰《授时通考》，颁行天下。较元世所颁之《农桑辑要》尤为赅备。**中载本朝祈报劝课事，尤详。又尝颁丰泽园早稻种，于江浙等省，命督抚织造，率属试种。较汉之耕钩盾[②]，唐之宴曲江，宋之观稼玉津园，刈麦宝歧殿，尤为实惠及民。

厥后，嘉、道、咸、同各朝，虽承平景象，渐不如前。然劝课屯垦贮积之策，与赈恤、蠲贷、救济之文，亦间岁辄下。

降至光宣新政，繁兴南苑开垦，蒙古放荒八旗。生计之谋，迁民实边之议，犹日有所闻。并立农工商部，令各直省设农会。兴农校，敦本务实，始终不懈。至今农政农事，犹概依其制焉。论者谓中国本以农立国，故历代治乱，强弱虽不一，要莫不以耕桑为衣食之源。较之工艺商贾，为确有把握。盖富藏于民，宝藏于地。且地上之矿，实远胜于地下之矿云。

历代劝农事略卷上终 高树权校字

---

① 灾祲：zāijìn，犹灾异。

②《汉书·昭帝纪》：“汉明帝始元元年“耕于钩盾弄田”。钩盾，汉置官署名。

历代劝农事略

笠园鉴定 固安高树枚 高树桓同编

下篇

上古—秦

录历代官绅，劝课之事。事实从详，言论从略。官司常制、章奏空文，皆不录。

炎帝时，炎帝即神农，亦即烈山氏。**有臣曰：倕**[①]**始作耒耜，**耒，手耕曲木。耜即耒之端也，博六寸。**为造田器之祖。有子曰柱，能殖百谷，死而人奉，以为稷神。**

帝喾时，弃为儿，其游戏，好艺禾、麻、菽、麦。及成人，相地之宜，勤于稼穑，民皆法之。尧举为农师，始甽[②]**田，**甽同畎。始为沟洫制也。**以二耜为耦。**及商汤祀以配稷，遂代柱为农神。

商伊尹，初耕有莘，后为左相，作区田。教民粪种，负水浇稼，以备凶荒。后世仿行者，尚多著成效。

周公旦，制田里，教树畜，作周礼，以兴农政。又以稼穑艰难，作《无逸》[③]**告成王。并陈后稷先公风化之所由，致作《豳风七月》诗。使瞽蒙**[④]**朝夕讽诵以教之。**

召伯巡行南国，出就蒸庶于阡陌陇亩之间，而听断焉。庐于树下，百姓大悦，耕桑者倍力以劝。于是岁大稔，民给家足。

春秋时管仲相齐，尝谓“仓廪实而知礼节，衣食足而知荣辱。田垦则粟多，粟多则国富。”禁民游食，齐桓以霸。故《管子》一书，言农政、农事及谷种者特详。齐以勤民致富，故五霸桓公为盛。

越范蠡，即陶朱公。**说句践**[⑤]**以八谷富国，与计然**即计研。**问答为书十五篇。农事艺文，实肇端于此。**其书久佚，大旨散见于《越绝书》及《吴越春秋》。

---

① 倕：chuí，人名。相传为中国上古尧舜时代的一名巧匠，善作弓、耒、耜等。

② 甽：quǎn，同畎。甽田，意为在田间开小水沟。

③《无逸》出自《尚书》，为周公所作。“君子所，其无逸”是其文宗旨要义。

④ 瞽矇：gǔméng，亦作瞽蒙。乐官，古代乐官多为盲人，故称。

⑤ 句践即越王勾践，大禹后裔，春秋末期越国君主。

战国时，魏李悝为文侯作尽地力之教，以为地方百里，提封九万顷。除山泽邑居，参分去一，为田六百万亩。治田勤谨，则亩益三升。不勤，则损。亦如之地方百里之增减，辄为粟百八十万石。又谓籴甚贵，伤民。甚贱，伤农。民伤则离散，农伤则国贫。乃作平籴之法，岁熟则籴，饥则粜。故虽遇水旱，籴不贵，而民不散。此后世“常平义仓”所自始。

史起[①]**为邺令，引漳水穿渠溉田。河内之民利之，国益富强。**所谓决漳水，灌邺旁终古潟卤[②]，生稻粱也。此后世沟渠水利，所自始。

又秦郑国，凿泾水成渠，溉田四万余顷，收皆亩一钟[③]**。其水利之兴，较魏尤巨。**汉世赵中大夫白公，因郑渠扩充之名曰“白渠”。民为之歌曰：“田于何所，池阳谷口。郑国在前，白渠起后。举臿为云，决渠为雨。且溉且粪，长我禾黍。”

又李冰为蜀守，壅江水作堋[④]**，穿二江。成都中双过郡下，以通舟船。因以灌溉诸郡，于是蜀沃野千里，号为陆海。**

① 史起：战国时期魏国官员。因加修水利，引水溉田，使农业生产得到发展，被人们称为“贤令”。

② 潟卤：xìlǔ，指含有过多盐碱成分不适于耕种的土地。

③ 一钟：秦汉时，一石米 27 斤，一钟是 6.4 石，即一钟等于米 172 斤。秦汉一亩地相当于现在 0.68 亩，按现代亩产粟米 250 斤计，换算成现在亩产 170 斤左右。

④ 堋：péng，分水的堤坝。战国时李冰在修建都江堰时所造。

汉—南北朝

汉宣曲任氏在秦时，为督道仓吏。督道者，仓所在地名。韦昭曰秦时边县。**秦之败也，豪杰皆争取金玉，而任氏独窖仓粟。楚汉相距，荥阳也，民不得耕种，米石至万。**一石至万钱也。**而豪杰金玉，尽归任氏，任氏以此起富。富人争奢侈，而任氏折节为俭，力田畜，人争取贱贾，**贾同价，言人买物，争取价贱者。**任氏独取贵善，**言取物之，贵而善者。**富者数世。然任公家约：非田畜所生，不衣食。公事不毕，则身不得饮酒食肉。以此为闾里率，故富而主上重之。**

赵过为搜粟都尉，教民为代田。一晦[①]三甽，二百四十步为晦。沟深、广各尺曰甽[②]。**岁代处，**代，易也，谓岁易其处也。**故曰代田。一岁之收，常过缦田[③]。亩一斛以上，**缦田谓不为甽者。**善者倍之。**善为甽者，又过缦田二斛以上也。**其耕耘、下种、田器，皆有便巧。**时二千石皆遣令长、三老、力田及里父老善田者，受田器，学耕种。**用力少，而得谷多，故民以为便。又其时民苦牛少无以趣泽，**趣，及也。泽，雨之，润泽也。**故平都令光教过，以人挽犁。过奏光为丞，故田益垦辟。**

黄霸[④]为颍川太守，使邮亭、乡官皆畜鸡豚，以赡鳏寡贫穷者为条教。班行之于民间，劝以为善。防奸之意，及务耕桑，节用殖财，种树畜养，去食谷马，米盐靡密。米盐，言杂而且细也。**初若烦碎，然霸精力能推行之，治为天下第一。**

---

① 晦：mǐ，古同“亩”。秦田二百四十步为晦，秦孝公之制。汉因秦制，以二百四十步为晦。《说文解字》：“六尺为步，步百为晦。”

②《汉书、食货志》：“过能为代田，一亩三甽。岁代处，故日代田，古法也。后稷始甽田，以二耜为耦，广尺、深尺曰甽，长终亩。”甽，zhèn，田间小水沟。

③ 缦田：màntián，古代不作垄沟耕作的土地。

④ 黄霸（前130—前51年），字次公，淮阳阳夏人。西汉时期名臣，官至丞相。

龚遂[①]为渤海太守，见齐俗奢侈，好末技，不田作，乃躬率以俭约。劝民务农桑，令口种一树榆，百本薤[②]，五十本葱，一畦韭。每一口皆如此种也。家二母彘，五鸡。每一家皆如此养也。民有带持刀剑者，使卖剑买牛，卖刀买犊，曰：何为带牛佩犊！春夏不得不趣田亩，秋冬课收敛，益蓄果实菱芡。劳来循行郡中，皆有蓄积，吏民皆富实。

何武[③]为扬州刺史，行部必问垦田顷亩、五谷美恶。

氾胜之为议郎，教田三辅。作种植书，行于世，农民师之，后徙御史。

召信臣[④]为南阳太守，好为民兴利，务在富之。躬劝农耕，出入阡陌，止舍离乡亭，言休息之时，皆在野次[⑤]。稀有安居时。行视郡中水泉，开通沟渎[⑥]，起水门提阏。所以壅水。凡数十处，以广溉灌。岁岁增加，多至三万顷，民得其利，蓄积有余。又为民作均水约束，令用水必均，不得专利也。刻石立于田畔，以防分争。禁止嫁娶、送终奢靡，务出于俭约。县吏家子弟好游敖[⑦]，不以田作为事，辄斥罢之。甚者案其不法，以示好恶。其化大行郡中，莫不耕稼力田。百姓归之，户口增倍。吏民亲爱信臣，号曰“召父”。

卓茂[⑧]为密令时，天下大蝗。河南二十余县，皆被其灾，

---

① 龚遂：字少卿，山阳郡南平阳县人，西汉官员。

② 薤：xiè，一种蔬菜类植物。

③ 何武（？—3年），字君公，蜀郡郫县人，西汉大臣。

④ 召信臣：字翁卿，九江郡寿春（今安徽寿县）人。西汉官员，为官清廉，有“召父”之称。

⑤ 野次：止宿于野外。

⑥ 沟渎：gōudú，沟渠。

⑦ 游敖：游玩。

⑧ 卓茂（？—28年），字子康，南阳郡宛县人。汉朝大臣，云台三十二将之一。

独不入密县界。督邮言之，太守不信，自出案行，见乃服焉。是时王莽秉政，置大司农六部丞，劝课农桑。迁茂为京部丞，密人老少皆流涕随送。按：茂传在《后汉书》，所录系前汉事，故列此。

后汉樊重①，世善农稼，好货殖。重性温厚，有法度。三世共财，子孙朝夕礼敬，常若公家。其营理产业，物无所弃。课役童隶，各得其宜。故能上下勠力，财利岁倍至。乃开广田土，三百余顷。其所起庐舍，皆有重堂高合。陂渠灌注，又池鱼牧畜，有求必给。尝欲作器物，先种梓漆。时人嗤之，然积以岁月，皆得其用。向之笑者，咸求假②焉。赀至巨万，而振赡宗族，恩加乡闾。外孙何氏兄弟，争财重耻之，以田二顷解其忿讼。县中称美，推为三老。年八十余终，其素所假贷人间数百万，遗令焚削文契。责家闻者，皆惭争往偿之，诸子遵令竟不受。

王丹③家累千金，好施与周人之急。每岁时农收后，察其强力收多者，辄历载酒肴，从而劳之。便于田头树下，饮食劝勉之，因留其余有④而去。其惰懒者，独不见劳，人各自耻不能致丹。其后无不力田者，邑聚相率以致殷富。前将军邓禹西征关中，军粮乏，丹率宗族，上麦二千斛。禹表丹，领左冯翊。

杜诗⑤为南阳太守，性节俭，善计略。省爱民力，造作水排，铸为农器。冶铸者，为排以吹炭，令激水以鼓之也。用力少，见功多，百姓便之。又修治陂池，广拓土田，郡内比室殷足。

① 樊重：字君云，南阳湖阳人，西汉末年历史人物光武帝刘秀外公。

② 假：借。

③ 王丹，字仲回，东汉时期京兆下邽人也。汉哀帝、汉平帝时，仕州郡为官。

④ 依据上海图书馆藏明胡文焕刻“格致丛书”本，苏刻武英殿聚珍版丛书本，此“有”字，应为“肴”字，“留其余肴”意为留下丰足的肉食，供其享用。

⑤ 杜诗（？—38 年），字君公，河南汲县人，东汉官员，水利学家，发明家。

时人方于召信臣，故南阳为之语曰："前有召父，后有杜母。"

张禹[①]**为下邳相，**禹，字伯达，赵国襄国人。与前汉安昌侯同名。安昌侯，字子文，河内轵人也。**徐县北界有蒲阳陂，旁多良田而堙废莫修。禹为开水门，通引灌溉，遂成熟田数百顷。劝率吏民，假与种粮，亲自勉劳，**禹巡行止大树下，糒[②]干饭屑，饮水而已。**遂大收谷实。邻郡贫者归之千余户，室庐相属，其下成市。**垦田千余顷，谷百万余斛。

任延[③]**为九真太守，欲以射猎为业，不知牛耕。每致困乏，延乃令铸作田器，教之垦辟田畴。岁岁开广，百姓充给。**

茨充[④]**为桂阳太守，民俗惰窳**[⑤]**。无蚕织丝麻之利，类皆以麖枲贮衣无履。冬月盛寒，足多剖裂血出，燃火燎之，春温或脓溃。充教民种殖桑柘麻纻，养蚕织履。数年之间，大赖其利，衣履温暖。江南知桑蚕织履，皆充之教也。**

鲁恭[⑥]**为中牟令，郡国螟伤稼，独不入中牟。河南尹袁安闻之，使仁恕掾**[⑦]**肥，**仁恕掾主狱，属河南尹，见《汉官仪》[⑧]，肥其名也。**亲往廉**[⑨]**之，见三异。**虫不犯境，一也。恭坐桑下，雉止其旁，二也。雉方将雏，儿童不捕，三也。**还府，具以状白。**是岁嘉禾生，恭便坐庭中。**安因上书言状，帝亦异之。**又宋均为九江太守，蝗飞至九江界，辄东西分散去，亦异事也。史言蝗不入

---

① 张禹（？—113年），字伯达，赵国襄地人，东汉大臣。

② 糒：bèi，干的主食。

③ 任延（？—68年），字长孙，南阳宛人，东汉官员。

④ 茨充，字子河，今河南南阳人，东汉官吏。《后汉书·循吏列传》有载。

⑤ 惰窳：duòyǔ，懒惰，懈怠。

⑥ 鲁恭（32—112年），字仲康，陕西扶风平陵人

⑦ 仁恕掾：官名，东汉置，属河南尹，掌狱。

⑧《汉官仪》，两汉典章制度汇集。主要内容为汉官源流，职掌、爵秩、官佚。

⑨ 廉：察考，访查。

境事甚多，不具录。

张堪[①]**为渔阳太守，开稻田八千余顷。劝民耕种，以致殷富。百姓歌曰：“桑无附枝，麦穗两歧。张君为政，乐不可支。”**

刘宽[②]**为南阳太守，教民种柘，养蚕织履，生民之利。典历三郡，每行县止息亭，传见父老，辄慰以农里之言。**

马棱[③]**为广陵太守时，谷贵民饥。奏罢盐官，以利百姓。赈贫羸，薄赋税。兴复陂湖，溉田二万余顷。吏民刻石颂之。**岁增租十余万斛。广陵蝗虫，皆入江海，化为鱼虾。

王景[④]**为庐江太守，百姓不知牛耕，致地力有余，而食常不足。郡界有楚相孙叔敖所起芍陂稻田，景乃驱率吏民修起芜废，教用犁耕。由是垦辟倍多，境内丰给。又训令蚕织，为作法制。**又马臻为会稽太守，始立镜湖筑塘，周回三百余里，灌田九千顷，人获其利。又何敞为汝南太守，修治鲖阳陂，溉田三万余顷。吏民立石，颂敞功德。

崔寔[⑤]**为五原太守，土宜麻枲，而俗不知织绩。民冬月无衣，积细草而卧其中，见吏则衣草而出。寔为作纺绩织纴，具以教之，民得以免寒苦。寔并著《四民月令》，行于世。**

仇览[⑥]一名香。**为蒲亭长，劝人生业。为制科令，至于果菜为限，鸡豕有数。农事既毕，乃令子弟群居就学。其剽轻游恣者，皆役以田桑。严设科罚，期年大化。**

---

① 张堪，字君游，南阳宛县人，南阳郡豪门大族。

② 刘宽（120—185 年），字文饶，弘农郡华阴县人。东汉名官，曾为南阳太守。

③ 马棱，字伯威，东汉扶风郡茂陵人。

④ 王景，字仲通，原籍琅邪不其人。东双著名治水专家。

⑤ 崔寔（约 103—约 107 年），字子真，小字符始，冀州安平县人。东汉大臣、农学家、文学家。

⑥ 仇览，字季智，一名香，陈留考城人，陈汉官吏。

童恢[①]为不其令，凡吏称其职，人行善事者，皆赐酒肴以劝励之。耕织种牧[②]，皆有条章，一境清净。又令民养一猪、雌鸡四头，以供祭祀。

秦彭为山阳太守，兴起稻田数千顷。每于农月，亲度顷亩，分别肥瘠。差为三品各立文簿，藏之乡县。于是奸吏局蹐[③]，无所容诈。

魏枣祗[④]为屯田都尉，施设田业。岁则大收，军用充足。

任峻[⑤]为典农中郎将，所在积谷仓廪皆满。时国渊[⑥]亦典屯田事，相土处民，计民置吏，明劝课之法。梁习[⑦]亦表置屯田都尉，二人领客六百夫，于道次耕种菽粟。

苏则[⑧]为金城太守时，丧乱之后，吏民流散，户口损耗。则与饥民分粮而食，亲自教民耕种。其岁大丰收，由是归者日多。

杜畿[⑨]为河东太守，劝耕桑，课民畜牸牛[⑩]、草马[⑪]，下逮鸡豚犬豕，皆有章程。家家丰实，河东以安。

王昶[⑫]为洛阳典农时，都畿树木成林。昶斫[⑬]开荒莱[⑭]，勤

① 童恢，字汉宗，琅琊郡姑幕人。东汉官吏。

② 此处“劝励之耕识”五字据《农桑辑要》苏刻殿本补。

③ 局蹐：jújí，出于《诗・小雅・正月》，表谨慎恐惧的样子。

④ 枣祗，颍川阳翟人，东汉末年首倡屯田制。

⑤ 任峻（？—204 年），字伯达，河南郡中牟县人。东汉末年屯田制的推广者。

⑥ 国渊，字子尼，东安郡盖县人，三国时期曹魏官吏。

⑦ 梁习（？—230 年），字子虞。陈郡柘人，曾任魏文帝曹丕朝大司农。

⑧ 苏则（？—223 年），字文师，扶风武功人，三国时代魏能臣。

⑨ 杜畿（163—224 年），字伯侯，京兆杜陵人，汉末三国时期曹魏大臣。

⑩ 牸牛：此处原本为“悖牛”，系传写之误。指母牛。

⑪ 草马，即指母马。

⑫ 王昶（？—259 年），字文舒，太原郡晋阳县人，三国时期曹魏将领。

⑬ 斫：zhuó，用刀斧砍削。

⑭ 荒莱：指荒地。

劝百姓，垦田特多。

郑浑[①]为邵陵令，民皆剽轻不念产殖。浑所在夺其渔猎之具，课使耕桑，又兼开稻田。后迁阳平、沛郡二太守，郡界下湿，患水涝，百姓饥乏。浑于萧相二县界，兴陂遏[②]，开稻田。郡人皆以为不便，浑曰："地势洿下，宜灌溉，终有鱼稻经久之利，此丰民之本也。"遂躬率吏民兴功，一冬皆成。比年大收，租入倍常。民赖其利，刻石颂之，号曰"郑陂"。转山阳魏郡太守，其治放此，又以郡下苦乏材木，乃课树榆为篱，并益树五果。榆皆成藩，五果丰实。入魏郡界，村落齐整如一，民得财足用饶。

颜斐[③]为京兆太守，整阡陌，树桑果。时民多无车牛，斐课以间月取车材，使转相教匠作车。又课民无牛者，令畜猪狗。投贵时，卖以买牛。始者民以为烦，一二年间，家有丁车、大牛，人乃称便。

皇甫隆[④]为敦煌太守，敦煌俗不甚晓田，又无耧犁其种田。功力既费，收获又少。隆至乃教作耧犁，所省佣力过半，而得谷加五。吏民为立碑颂之。

晋羊祜[⑤]镇襄阳，垦田八百余顷，大获其利。始至，无百日之粮。季岁，有十年之积。又尝周行敌境七百余里，往返四十余日。刈敌谷，以为军粮。皆计顷亩，送绢还，直使如谷价。

---

① 郑浑，字文公，开封人。汉末及三国时曹魏大臣，东汉名儒郑众曾孙，名士郑泰之弟。

② 陂遏：bēiài，即陂堨，蓄水塘。

③ 颜斐，字文林，济北人，三国时期营魏官员、教育家。为夏圣颜渊二十三世孙。

④ 皇甫隆，三国时期魏国人，嘉平年间任敦煌太守，有政绩。

⑤ 羊祜（221—278 年），字叔子，兖州泰山郡南城县人，三国至西晋时期战略家、政治家。

杜预[①]镇荆州，修召信臣遗迹。激用滍淯[②]诸水，以浸稻田万余顷。分疆刊石，使有定分。公私同利，众庶赖之，号曰“杜父”。

张闿[③]为晋陵内史时，所部四县并以旱失田。闿乃立曲阿新丰塘，溉田八百余顷，每岁丰稔。朝议仓廪，国之大本，宜得其才，乃以闿为大司农。

陶侃[④]都督荆江，诸军事练，庶事勤稼穑。戎阵武士，皆劝励之。有奉馈者，问其所由。若力役所致，欢喜慰赐。若他所得，则呵之辱，还之。是以军民勤于稼穑，家给人足。尝见人持一把未熟稻，问“何用？”曰：“行道所见，辄取之。”侃怒曰：“稻粟，民食所重，可戏贼之乎？”命鞭之。

宋刘义季[⑤]为荆州刺史，躬行节俭，畜财省用。尝大蒐[⑥]于郢，有野老带苫[⑦]而耕，左右斥之。老人拥耒对曰：“今阳和扇气，播厥之始。一日不作，人失其时。驱斥老夫，非劝农之意。”义季止马曰：“此贤者也。”命赐之食。

刘义欣[⑧]镇寿阳，于时土荒民散，芍陂[⑨]堤堰久坏，树木榛塞，夏秋常苦旱。义欣乃修理旧沟，伐木开榛，引淠水入陂。岁获

① 杜预（222—285 年），字符凯，京郡杜陵县人。魏晋时期军事家、经学家、律学家。

② 滍淯：zhìyù，指滍水和淯水。

③ 张闿（265—328 年），字敬绪，晋丹阳人。东晋大臣，官拜金紫光禄大夫。

④ 陶院（259—334 年），字士衡鄱阳郡鄱阳县人。晋朝时期重要军事将领。

⑤ 刘义季（415—447 年）。小字师护，彭城郡彭县人。南宋宗室，宋武帝刘裕第七子。

⑥ 蒐：sōu，田猎。

⑦ 苫：shān，草帘子。

⑧ 刘文欣（404—439 年），彭缓绥舆星人。南朝宋宗室大臣。

⑨ 芍陂：quèbēi，我国最早的蓄水灌溉工程，又称安丰塘，位于淮南市寿县。与漳河渠、都江堰、郑国渠并称我国古代四大水利工程。

丰稔，农民安集。

北魏薛虎子[①]为徐州刺史，惠爱兵民。时州镇戍兵，资绢自随，镇兵数万，资粮之绢，人十二匹。不入公库，任其私用，常苦饥寒 。资绢随身，故用度无准也。虎子表以兵绢市牛，兴置屯田。表云"鑫汤之固，非粟不守。韩白之勇，非粮不战。徐州左右，水陆壤沃，清汴通流，足资激灌。其中良田十万余顷，若以兵绢市牛，足得万头。兴力公田，必当大获。"且耕且守，谷帛充溢。

李彪[②]为秘书丞，以岁饥奏请京都、州郡各备仓储。又请别立农官，取州郡户十分之一为屯田人，相水陆之宜，科顷亩之数，以脏赎[③]杂物。余财市牛科给，令其肆力。一夫之田，岁责六十斛。数年之中，谷积人足。自此公私丰赡，虽水旱不为害。

崔衡[④]为秦州刺史，先是河东年饥，劫盗大起。衡至修龚遂之法，劝课农桑。周年之间，盗贼止息。

高允[⑤]为秦王翰傅，并以经授恭宗。世祖引与论政，问："万几何者为先？"是时多封禁良田，又京师游食者众。允因言曰："臣少也贱，所知唯田，请言农事。古人云：方一里，则为田三顷七十亩。百里，则田三万七千顷。若勤之，则亩益三升。不勤，则损三升。方百里损益之率，为粟二百二十二万斛。况以天下之广乎，若公私有储，虽遇饥年，复何忧哉？"世祖善之，遂除田禁，悉以授民。

---

① 薛虎子（441—491 年），一作藤彪子，叱干人。北魏大臣，有政绩，为民爱戴。

② 李彪（444—501 年），字道固，顿丘卫国人，北魏时期名医。

③ 脏赎：指退脏赎罪所上缴的财物。

④ 崖衡（435—488 年），字伯玉，清河郡东武城人，北魏大臣。

⑤ 高允（390—487 年），字伯恭，渤力海郡蓨县人。北魏时大臣、文学家、政治家、史学家。

辛纂[①]为河内太守，督课农桑，亲自检视。勤者，资以物帛。惰者，加以罪。

贾思勰[②]为高阳太守，留心农事。尝采捃经传，爰及歌谣。询之老成，验之行事。起自耕农，终于酰醢。资生之业，靡不毕具。著为一书，号曰《齐民要术》。至今言农学者，犹奉为农书之祖。

后周苏绰[③]为司农卿，教民尽地利。三农之隙，阴雨之暇，种桑植果，艺蔬菜修园圃，蓄育鸡豚。资生之事，养老之具，务令毕备。

张轨[④]典仓曹，慎重官守。时谷价踊贵，或有请贷官仓者，轨曰："以私害公，非吾宿志。济人之难，讵[⑤]得相违。"乃卖所服衣物，籴粟以振其乏[⑥]。

① 辛纂（？—534 年），字伯将，陇西狄道人。北魏大臣，左仆射辛雄从兄。

② 贾思勰，北魏益都人，曾任高阳郡太守，中国古代杰出的农学家，著作《齐民要术》。

③ 苏绰（498—546 年），字令绰，京兆郡武功县人。

④ 张轨（501—555 年），字元轨，济北郡临邑县人，北魏到西魏时期官员。

⑤ 讵：jù，不，表否定。

⑥ 语出自《周书・张轨传》。

隋—五代

隋公孙景茂[①]为道州刺史，悉以秩俸，买牛犊鸡猪，散惠孤弱不能自存者。又好单骑巡人家，阅视百姓。产业有修理者，于郡会时，乃褒扬称述。如有过恶，随即训导，而不彰也。繇[②]是“人行义，让有无。”均通男子相助耕耘，妇女相从纺绩。大村或数百户，皆如一家之务。

赵轨为寿州长史，劝课人吏修浚陂堰。于芍陂旧有五门外，更开三十六门。灌田五千余顷，人树赖其利。又其先尝授原州司马，在道夜行，其左右马逸入田，暴人禾，轨驻马待明，访知禾主，酬直而去。原州人吏闻之，莫不改操。

唐李袭誉[③]《通典》作袭，此从本传。为江南道巡察大使，以江都俗好商贾，不事农桑。乃引雷陂水，又筑勾城塘。溉田八百余顷，民获其利。召拜太府卿，尝谓子孙曰：“吾近京城有赐田十顷，耕之可以充食。河内有赐桑千树，蚕之可以充衣。吾没后，尔曹但能勤此，亦何羡于人？”

李大亮[④]为土门令，属百姓饥荒。大亮卖所乘马，分给贫弱。劝以垦田，岁因大稔。

陈君宾[⑤]为邓州刺史，州承丧乱，百姓流亡。君宾加意劳徕[⑥]，不期月，皆来复业。后诸州多患旱涝，独君宾所治有年，仓储充羡，蒲、虞等州民皆就食其境。太宗下诏劳之。

---

① 公孙景茂（518—605年），字元蔚，隋朝河间阜城人。南北朝至隋朝时期大臣、学者。

② 繇：yáo，通“谣”，歌谣，民谣。

③ 李袭誉，字茂实，金州安康人，祖籍陇狄道，李袭志之弟，唐初大臣。

④ 李大亮（586—644年），字大亮，京兆泾阳人。隋唐时期大臣，隋朝朔州总管李充节之子。

⑤ 陈君宾，陈鄱阳王伯山子也。

⑥ 劳徕：láolái, 亦作“劳来”，以恩德招之使来。

田仁会[①]为平州刺史，劝学务农。转郢州刺史，属岁旱，自曝以祈，而雨大至，谷遂登。百姓歌曰："父母育我兮田使君，挺精诚兮上天闻。中田致雨兮山出云，仓廪实兮礼义申。愿君常在兮不患贫。"按：史载精诚致雨事甚多，然究非人事所急，此外不具录。

王方翼[②]为夏州都督属，牛疫无以营农，方翼造耦耕法。张机键使人推之，力省而功多，百姓赖焉。

郭元振[③]为凉州都督，令甘州刺史李汉通开置屯田，尽水陆之利。先是凉州粟麦，斛至数千。至此一缣[④]籴数十斛，粮饷支数十年。元振在凉州五年，令行禁止，牛羊被野，路不拾遗。

敬晖[⑤]为卫州刺史时，河北新有突厥之寇。方秋而修城不辍，晖下车谓曰："金汤非粟不守，岂有弃收获而缮城郭者哉？"悉令罢散，由是人吏咸歌咏之。

李泌[⑥]同平章事，以国家比遭饥乱，经费不充，请发左藏恶缯，染为彩缬，市以易牛。并铸农器，籴麦种，分赐缘边军镇。募戍卒，耕荒田。德宗从之，应募者颇众。

李惟简[⑦]为凤翔节度使，地与吐蕃接。尝更入攻钞，人不得息。惟简谨守备，蓄财谷，市耕牛，铸农器，增垦数十万亩。属岁丰稔，公私有余。

---

① 田仁会（601—679年），雍州长安人，世代为官。

② 王方翼（625—687年），字仲翔，并州祁人，唐朝名将。

③ 郭元振（656—713年），字符振，以字行并州阳曲人，生于魏州贵乡，唐朝名相。

④ 缣：jiān，古时多用作赏赠酬谢之物，此处做货币。

⑤ 敬晖（？—706年），字仲晔，绛州太平县人，唐朝官员。

⑥ 李泌（bì）（722—789年），字长源。祖籍辽东部襄平县，生于京兆府。唐朝中期政治家、谋臣、学者。

⑦ 李维简（？—818年），幽州范阳人，唐朝中期大臣。

萧定[1]为袁润六州刺史，劭[2]桑稼，均赋税，业徕游口。即招来游民，使复业也。大历中，有司差天下刺史治最，差，等也。最，上考也。定居首焉。

李惠登[3]为隋州刺史，政尚清静。二十年，田亩日辟，户口日增，人歌舞之。节度使于頔[4]上其绩，诏加御史大夫，升隋为上州。

何易于[5]为益昌令，县距州四十里。刺史崔朴常乘春与宾属汎[6]舟出益昌，旁索民挽繂[7]。既而易于身引舟，朴惊问状，易于曰："方春，百姓耕且蚕，惟令不事，可任其劳。"朴愧，与宾客疾驱去。

殷侑[8]为齐德沧景节度使，至镇荆榛，蔽野寂无人烟。侑攻苦食淡，与士卒同劳苦。周岁，流民渐归。侑表借耕牛三万以给流民，劝之耕桑。三年之后，户口滋饶，仓廪充积。初州兵三万，悉取给于度支。侑一岁，而赋入自赡其半。二岁，而给用悉周，请罢度支给赐。劝课多方，吏民胥说。

高勖[9]为淮南节度使，杨行密掌书记。行密欲以茶盐易民布帛，勖曰："兵火之后，十室九空。又渔利以困之，将复离畔。不若悉我所有，易邻道所无，足以给军。选贤守令，劝课农桑。数年之间，仓廪自实。"行密从之，于是公私交足，几复承

---

① 萧定（708—784 年），字梅臣，南兰陵人。唐朝官吏。

② 劭：shào，勉励。

③ 李惠登，营州柳城人，为平卢军裨将。

④ 于頔（dí）（？—818 年），字允元，河南人，唐朝宰相，北周太师于谨七世孙。

⑤ 何易于，唐文宗太和年间（826—836 年）益昌县令。

⑥ 汎：fàn，同"泛"，浮游，飘浮。

⑦ 繂：lǜ，粗绳子。

⑧ 殷侑（767—838 年），陈郡人，唐朝官员。

⑨ 高勖，五代时期舒城人。

平之旧。

张全义[①]为河南尹，居民不满百户，四野俱无耕者。全义招怀流散，劝之树艺。数年之后，都城坊曲，渐复旧制。诸县户口，率皆归复。桑麻蔚然，野无旷土。全义明察人不能欺，而为政宽简出。见田畴美者，辄下马与僚佐共观之。召田主，劳以酒食。有蚕麦善收者，或亲至其家，悉呼出老幼，赐以茶彩衣物。民间言张公不喜声伎，见之未尝笑。独见佳麦良茧，则笑耳。有田荒秽者，则集杖之。或诉以乏人牛，乃召其邻里，责之曰："彼诚乏人牛，何不助之众？"皆谢乃释之，由是邻里"有无"相助，故比户皆有蓄积。凶年不饥，遂成富庶焉。

按：全义谄附朱温，人不足齿，兹录其重农一节，取其事非取其人也。又全义本五季杂臣，兹列入唐代者，以所录系唐时事也。

五代时，刘审交[②]为陈州防御使，出视民田，见民耕器薄陋，乃取河北耕器为范，为民更铸，民皆利之。

何泽[③]为洛阳令时，上后唐庄宗。好猎，数践民田。泽乃潜伏草间，伺上过，当马谏曰："今田将熟，奈何恣畋游，以害多稼，使民何以出租赋？吏何以督民耕？陛下不听臣言，愿赐死马前，使后世知陛下之过。"上笑，为止猎。

窦俨[④]为中书舍人，尝疏言：田广则谷多，谷多则藏之民，犹藏之官。累朝屡诏，听民广耕，止输旧税。及其既种，则有司履亩而增之，故民皆疑惧，而田不加辟。请实行以敦信，

① 张全义（852—926 年），字国维，初名居言，唐僖宗赐名全义。唐朝末年至五代十国时期的政治、军事人物。

② 刘审交（877—950 年），字求益，幽州文安人。

③ 何泽，生卒不详，五代南唐时广州人，少好学，长于歌诗。举进士，为洛阳令。

④ 窦俨（918—960 年），字望之，蓟州渔阳县人，后晋天福六年（941）进士，官至礼部侍郎。

信著则田无不广矣。又言国用恃乎谷帛，然二者不出于国，而出于民。其道在天，其利在地。得其理者蕃阜，失其理者耗啬。民之颛蒙[①]**，宜有劝教。请于《齐民要术》及《四时纂要》《韦氏月录》中，采其关于田蚕、园囿之事，集为一卷。镂版颁行，使之流布，时论韪之。**按：俨传在《宋史》，兹列入五代者，以所言系对周世宗语也。

① 颛蒙：zhuānméng，意思是愚昧。

宋—清

宋赵尚宽[①]知唐州。唐素沃壤，经五代，乱田不耕，土旷民稀。赋不足以充役，议者欲废为邑。尚宽曰："土旷可益垦，辟民稀，可益招徕，何废郡之有？"乃按视图记得汉召信臣陂渠故迹，益发卒复疏"三陂一渠，溉田万余顷"。又教民自为支渠数十，转相浸灌。而四方之民来者云布，尚宽复请以荒田计口授之，及贷民官钱，买耕牛。比三年榛莽，复为膏腴。

何承矩[②]为河北屯田制置，使浚塘泊，开稻田。凡雄莫霸州、平戎、顺安等军，平戎即今保定县，顺安即今安州。兴堰六百里。取江南早稻种，课令种之，稻皆大熟。初承矩尝上疏，请于顺安、砦西，引易河筑堤为屯田。既而河逆，连年大水，承矩知雄州，又言宜因积潦蓄为陂塘，大作稻田以足食。时沮者颇众，至是稻熟，辇送阙下，众议乃息。兼有莞蒲[③]蜃蛤之饶，民赖其利。

陈靖[④]为太常博士时，太宗务兴农事。靖言：方今京畿之地，南北东西环绕二三十州，连接数千里。其田之耕稼者，十才二三。其耕稼之田，入租税者十无五六。既有逃户，又有惰农。愿就官中借逐处[⑤]之闲田旷土，招逐处之末作游民。诱以开耕不计赋税，许令别置版图。酌人户之等第，测田土之硗肥分配。课督耕桑之外，更令益种杂木蔬果，孳畜羊犬鸡豚，使黎庶乐生。官吏勤劝，待至三五年后，生计已成。有室家物产之可怀，有桑土园林之可恋。即量田收税，计户定征。以新附之人，合旧存之户，共成图籍。置之司，存为万古之宏规，

① 赵尚宽（995—1062 年），字济之。宋河南府人。曾任平阳县兮、司农卿。

② 何承矩（946—1006 年），字正则，河南洛阳人，北宋官员。

③ 莞蒲：wǎnpǔ，水葱亦称蒲草。

④ 陈靖（948—1025 年），莆城区人。宋代十二名"循吏"之一。

⑤ 逐处：各处。

乃一劳而永逸。书上太宗览之，称善。乃以靖为京西劝农使。

张咏[①]令崇阳民，以茶为业。咏曰：茶利厚，官将榷[②]之，按：《史记》注“榷”者，禁他家，独王家得为之，即今官家专卖，不准民间私运也。不若早自异也。命拔茶而植桑，民以为苦。其后榷茶它县皆失业，而崇阳之桑皆已成，为绢岁百万匹。

韩琦[③]为枢密使时，天下没人，户绝田，官自鬻之。琦请留勿鬻，募人耕，而收其租。别为仓贮之，以给州县之老幼贫疾，不能自存者，谓之广惠仓。茕独者，既得其养。无田之民，亦因得勠力稼穑，免为游惰。

郑侠[④]监安上门时，久不雨。会岁饥，征敛苛急。东北流民，每风沙霾曀，扶携塞道。羸疾愁苦，身无完衣。或茹木实草根，至身被锁械，而负瓦揭木，卖以偿官，累累不绝。侠乃绘所见为图，并疏陈时政之失诣。合门不纳，遂假称密急，发马递上之银台司，且云：陛下观臣之图，行臣之言，十日不雨，请斩臣宣德门外，以正欺君之罪。疏奏帝宗神宗。反复观图，长吁数四，是夕不能寐。翼日，节命司农发常平仓，青苗免役，方田、保甲诸新法悉罢。民间欢呼相庆。是日，果大雨，远近沾洽。寻[⑤]以吕惠卿、邓绾言，复行新法，下侠于狱，窜[⑥]英州，天下异之。

南宋王时升判安丰军，以淮南土皆膏腴，而地未尽辟者，

---

① 张咏，字复之，号乖崖，濮州鄄城人。北宋诗人。

② 榷：què，专门的机构统一管理和销售。

③ 韩琦（1008—1075 年），字稚圭，号赣叟。相州安阳县人。北宋政治家、词人。

④ 郑侠（1041—1119 年），字介夫，号大庆居士，又号一拂居士、西塘先生，福州福清人，北宋诗人。

⑤ 寻：不久。

⑥ 窜：cuàn，驱逐，流放。

缘豪强虚占良田，而无遍耕之力。流民襁负而至，又无开耕之地也。因奏请，凡有荒闲，许人划佃。

晁公武[①]知扬州，以沿淮荒残尚多。尝言：昔晚唐民务，稼穑则增其租，故播种少。吴越垦荒田，而不加税，故无旷土。请诏两淮，更不加赋。由是百姓复业，与创户者阡陌相望，垦辟日多。时提举浙西颜师鲁[②]奏：乡民于闲旷硗确之地，垦成田园，用力甚勤者，不得以盗耕[③]论，止宜实田起税。著作郎袁枢[④]奏：民间荒地闲田，应准流民请佃，不得以疆界为词，亦皆得劝垦之要。

朱熹[⑤]知南康军，值岁不雨，讲求荒政，多所全活。又提举浙东，常平茶盐。时浙东大饥，入对，首陈灾异之由，帝孝宗深嘉纳。熹拜命，即移书他郡，募米商，蠲[⑥]其征。及至，则米已凑集。熹又言：乾道四年，民艰食请于府，得常平米六百石振贷。夏受粟于仓，冬则加息计米以偿。自后随年敛散，岁歉蠲其息之半，大饥则尽蠲之。凡十四年，以元数六百石还府，见储米三千余石，以为社仓。不复收息，每石止收耗米三升。故虽遇歉年，民不缺食。帝善之，诏下其法于诸路。熹又尝知漳潭等州，劝谕部民。自谓：久处田间，习知穑事，因列举耕田、粪壤、山陆、陂塘、秧苗、桑麻，修理、栽种、收获各事，推及饲养耕牛，陷杀象兽，播植蔬蓏，织纺布帛，

① 晁公武（1105—1180 年），字子业。人称“昭德先生”。济州巨野人，南宋著名止录学家、藏书家。

② 颜师鲁（1119—1193 年），字几圣，龙溪人。宋代官员《宋史》有传。

③ 盗耕：非法耕种。

④ 袁枢（1131—1205 年），字机仲，建州建安人，南宋史学家。

⑤ 朱熹（1130—1200 年），字符略，一字仲晦。号晦庵，又号紫阳，世称晦庵先生、朱文公南宋理学家、哲学家、思想家、政治

⑥ 蠲：juān，除去，免除。

莫不纤悉周至，剀切训示。论者谓“其法惟老于农事者辨之，非空言本政可比。”高宗时，有广州教授林勋上《本政书》，欲复井田之制。其说扞格[①]难行，迂阔与明方孝孺[②]相似。

魏王恺[③]判明州，尽心农事，得两岐麦图，以献帝孝宗。手诏曰：汝劝课艺植，农无游惰，宜获瑞麦之应。因进其秩，以为重农者劝。

孟珙[④]为京西兵马钤辖，屯枣阳，创平堰。自城至军西十八里，溉田十万顷。立十庄三辖，使军民分屯，自耕自守。又为四川宣抚使，兼屯田大使。时军无宿储，珙大兴屯田。调夫筑堰，募农给种。首秭归，尾汉口，为屯二十，为庄百七十，为顷十八万八千二百八十。上屯田始末，特诏奖谕。

元初田雄[⑤]授镇抚陕西，总管京兆等路事。时关中苦于兵革，郡县萧然。雄披荆棘，立官府，招徕四山堡砦[⑥]之未降者，获其人皆慰遣之。由是来附者日众，乃教民力田，京兆大治。

张文谦[⑦]为中书左丞，以本官行大名等路宣抚司事。临发，语平章政事王文统曰：“民困日久，况当大旱，不量减税赋，何以慰来苏之望？”文统曰：“上新即位，国家经费止仰税赋。苟复减损，何以供给？”文谦曰：“百姓足，君孰与不足？

① 扞格：hàngé，互相抵触。

② 方孝孺（1357—1402 年），字希直，一字希古，号逊志，浙江宁海人。明朝大臣、学者、文学家，散文家、思想家

③ 王恺（1316—1362 年），字用和，太平府当涂县人。

④ 孟珙（1195—1246 年），字璞玉，号无庵居士。随州枣阳人，南宋中后期军事家。

⑤ 田雄，字毅英，元初将领，金末北京人。

⑥ 砦：zhài，同“寨”，营垒。

⑦ 张文谦（1216—1283 年），字仲谦，邢州沙河人，元代大臣，元初紫金山学派的代表人物，元世祖忽必烈幕府重臣。

俟时和岁丰，取之未晚也。”又行省西夏中兴等路，浚渠溉田十数万顷。人蒙其利，旋拜大司农卿。乃奏立诸道劝农司，分巡天下耕桑。请开藉田，行祭先农、先蚕等礼。元代劝课之法，由文谦倡之也。

董文用[①]为西夏中兴等路行省郎中。中兴自浑都海之乱，民闲相恐动，窜匿山谷。文用镇之以静，民心乃安。遂开唐来、汉延、秦家等渠，垦中兴、西凉、甘、肃、瓜、沙等州之土为水田，民之归者，户四五万。悉授田种，颁农器。中兴以定，授山东东西道劝农使。山东自更变乱，野多旷土。文用巡行劝励，无间幽僻。入登州境，见其垦开有方，以郡守为能，作诗表异之。于是列郡咸劝，地利毕兴。五年之间，政绩为天下劝农之最。旋为卫辉路总管，郡当要冲，会初得江南图籍、金玉、财帛之运，日夜不绝于道。警卫输輓[②]，日役数千夫。文用忧之曰：“吾民弊矣，而又重妨耕作，殆不可。”乃从转运主者言：“州县吏卒，足以备用，不必重烦吾民也。”主者曰：“汝言诚然，万一有不虞，罪将谁归？”文用即手书具官姓名，保任之，民始得以时耕[③]。

姜彧[④]知滨州。时行营军士多占民田为牧地，纵牛马坏禾稼桑枣。彧言于中书，遣官分划疆畔，捕其强猾者，置之法。乃课民种桑，岁余，新桑遍野，人名为“太守桑”。

臧梦解[⑤]授海宁知州，廉慎勤能，殚心民事。增户七百有奇，辟田四百有奇。桑柘榆柳，交荫境内。政平讼简，为诸州县最。

① 董文用（1223—1297 年），字彦材，河北槁城人，元朝名将董俊之子，元朝名臣。

② 輓：wǎn，同“挽”，拉引，运输。

③ 时耕：谓春耕。

④ 姜彧（1218—1293 年），字文卿，山东莱阳人，元代官员。

⑤ 臧梦解，字应元，号有吉。庆元人，宋末官员。

虞集[①]为翰林学士，尝建议京师之东，濒海数千里，北际辽海，南滨青齐，皆萑苇[②]之场也。海潮日至，淤为沃壤。宜用浙人之法，筑堤捍水为之田。听富民愿耕者，合其众，分授以地，官定其畔。以为限三年，视其成。五年有积蓄，则近可得民兵数万，以卫京师。远可纾东南万里航海，馈运之危难。而江海游食轻剽之民，亦率有归。议中格后，终以海运不继，从托克托言，依集议施行。又至元时，有翰林学士王磐世业农。岁得麦万斛，乡人号“万石王家”。尝出为真定、顺德等路宣慰使。善捕蝗，人惊为神。并著有《野菜谱》，颇合救荒之用。后又有王祯著《农书》，其《农桑通诀》亦颇为世用。所载桔[③]水诸器，并便利可行，非农学空言可比。

明方克勤[④]为济宁知府，时始诏民垦荒，阅三岁乃税。吏征率不俟期，民谓诏旨不信，辄弃去，田复荒。克勤与民约税如期，区田为九等，以差等征发，吏不得为奸，野以日辟。又盛夏守将督民夫筑城，克勤曰：“民方耕耘不暇，奈何重困之畚锸[⑤]。”请于中书省，得罢役。先是久旱，遂大澍[⑥]。济宁人歌之曰：“孰罢我役，使君之力。孰活我黍，使君之雨。使君勿去，我民父母。”视事三年，户口增数倍，一郡饶足。

陈幼学[⑦]为确山知县，政务惠民，积粟万二千石，以备荒。

---

① 翼集（1272—1348 年），字伯生，号道园，元朝官员、学者、诗人。

② 萑苇：huánwěi，两种芦类植物。蒹长成后为萑，葭长成后为苇。

③ 桔：jié，桔槔一种井上取水工具。

④ 方克勤（1326—1376 年），字去矜，号愚庵，宁海维城人。

⑤ 畚锸：běnchā，畚，盛土器。锸，起土器。泛指挖运泥土用具，此处指土建筑城之事。

⑥ 澍 shù，雨水滋润。

⑦ 陈幼学（1541—1624 年），字志行，江苏无锡人。万历十七年进士。

垦莱田[①]八百余顷，给贫民牛五百余头。核黄河退地，百三十余顷，以赋民。里妇不能纺者，授纺车八百余辆。栽桑榆诸树三万八千余株，开河渠百九十八道。调繁中牟，秋成时，飞蝗蔽天，幼学捕蝗，得千三百余石，乃不为灾。县南荒地多茂草，根深难垦。令民投牒者，必入草十斤。未几，草尽，得沃田数百顷，悉以畀民。有大泽积水，占膏腴地二十余里。幼学疏为河者五十七，为渠者百三十九，俱引入小清河，民大获利。大庄诸里多水，为筑堤十三道障之。给贫民牛种，贫妇纺具，倍于确山。越五年，政绩茂著，迁湖州知府。会霪雨连月，禾尽死。幼学大举荒政，活饥民三十四万有奇。御史征其治，行以闻诏，加按察副使，仍视郡事。

徐贞明[②]为给事中，尝言神京雄据上游，兵食宜取之。畿内西北，古称富强地。陕西、河南，故渠废堰，在在有之[③]。山东诸泉，引之率可成田。而畿辅诸郡，或支河所经，或涧泉自出，皆足以资灌溉。北人未习水利，惟苦水害。不知水害未除，正由水利未兴也。盖水聚之则为害，散之则为利。今诚于上游疏渠浚[④]沟，引之灌田，以杀水势。下游多开支河，以泄横流。其淀之最下者，留以潴[⑤]水。稍高者，皆如南人筑圩之制。则水利兴，水害亦除矣。此下并引虞集说为证。时以财匮不能举，后贞明谪官南行，又著《潞水客谈》，论水利当兴者十四事。皆言兴水利之益，其文繁不具录。旋还朝为尚宝少卿，兼监察御史。领垦田使，督治京畿水田。贞明受命即

① 莱田：即荒田。

② 徐贞明（1530—1590 年），字孺东，江西贵溪人。明代水利工程师。

③ 在在有之，即到处都有。

④ 浚：jùn，疏通堵塞的地方。

⑤ 潴：zhū，水停聚。

先诣永平，募南人为提倡。其明年遂垦田至三万九千余亩，贞明方遍历诸河，周览水泉分合，将大行疏浚，会阉人勋戚之占田者，言不便，乃罢。人多惜之。**至今言西北水利者，莫不宗之。**

蔡懋德[①]，崇祯时为山西巡抚，尝召对于平台。懋德对曰：欲令民不为盗，当使穷百姓有饭吃。所以使穷百姓有饭吃者，惟劝农宽赋而已。上善之，既莅任，颁劝农条例十二事。流民以渐复业，岁亦有收。又天启时，徐光启为大学士，究心农学，著《农政全书》六十卷。裒集古今农书，及《泰西水法》，颇称赅备。其书至今通行。又明初，周定王橚尝集庶草之可佐饥馑者四百余种，绘图疏之名《救荒本草》。其说亦散见光启书中。又邱浚《大学衍义补》尝谓：劝农要政在省徭役，减租赋。后世君非不耕藉，后非不亲蚕，非不下悯农之诏，非不敕守令以劝相，然皆虚文，并非实惠。是故农不必劝也，能无扰之足矣！善乎柳宗元之言曰："长人者好烦其令，若甚怜焉，而卒以祸。"旦暮吏来而呼曰："官命促尔耕，勖尔植，督尔获。早缫而绪，早织而缕。字而幼孩，遂而鸡豚。鸣鼓而聚之，击木而召之。小人辍饔飧[②]以劳吏者，而不得暇，又何以蕃其生，而安其性耶？"其言皆切中事情，非一切农政空言可比。

清白登明[③]为柘城令，设条教劝民耕读。考最，迁知江南太仓州。厘赋税，除耗羡。时海壖[④]民居因乱荡析[⑤]，登明召民开垦，复成聚落。

---

① 蔡懋德（1586—1644年），字维立，一字公虞，号云怡，南直隶苏州府昆山人。明代官吏。

② 饔飧：yōngsūn，饔，指早饭；飧，指晚饭。饔飧指熟食。

③ 白登明，生卒不详。字林九。奉天盖平人，隶汉军镶白旗，清朝地方官员。

④ 海壖：hǎiruǎn，海边地。

⑤ 荡析：动荡离散。

宋必达[①]知宁都，时经寇乱，民多迁徙，地不治。乃请蠲逋[②]，以来之。贷以牛谷，甫二岁，田尽辟。

张埙[③]为河南登封县令，时比岁不登，民多失业。埙至，誓于岳神。革除私敛，招流亡，督之耕种。相土宜，分种木棉及诸果实，民赖以生。

于成龙[④]知罗城县，官廨在丛箐间。成龙插棘为门，累土为案，旁置爨釜一盂一，召吏民从容问疾苦。每春时，行田野中，见力耕者辄呼，兴语相劳苦。民率妇子，罗拜或坐树下，与饮食笑语欢如家人。成龙奖勤扶惰，人皆感甚至诚，莫不乐就。迁合州，罗人遮道，追送数百里。合州领县，三遗黎才数百人，而供役繁重，府帖下取鱼。成龙曰："民穷极矣，安所得鱼？"卒不与，且极陈民困状，尽裁革之。贷牛种，招集流，无旬月，得户千计。

陆陇其[⑤]知灵寿县，县最硗瘠。陇其劝课耕耨，以尽地力。与邻县更役，以苏民困。革火耗，绝私派，以养民财。时于成龙巡抚直隶，访民间利病，陇其谓："水利宜兴，积谷宜广。开荒起科，为限宜宽。又自古税敛，必俟稼穑登场。今正月开征，民间尚未播种，且四方安谧，司农不至，告匮自可以前岁所余，暂抵本年春夏之饷俟。秋成征补，于国赋无损，而民力则可以大纾。"其言皆切中时弊。寻以御史行取陇其，念灵寿频年灾，正供不支，而杂徭未尽减，将受代，乃申请缓征量减房地税。又言上官供应久奉，裁宜永革除。又请将

---

① 宋必达，字其在，湖北黄州人，清朝循吏。

② 蠲逋：juānbū，指免除积欠的租税。

③ 张埙（1640—1695年），字牗如，长洲县人。清代官吏。

④ 于成龙（1617—1684年），字北溟，号于山，山西永宁州人。清朝初年名臣。

⑤ 陆陇其（1630—1692年），字稼书，浙江平湖人，学者称其为当湖先生，清代理学家。

仓库，不时借放。饥民于公报曰："谢事时犹力，为灾黎请命，真仁人也！"临行，邑民哭送者数万，立碑志遗爱。

蓝理[①]镇天津，以畿辅产米无多，而天津一望皆平原，可开河引水灌稻田。乃躬率兵士，垦凿得水田数百顷。岁收丰稔，朝廷悉以赉[②]之，并赐名"蓝田"，为世业。

刘棨[③]知宁羌州，时关中大饥，饿莩满野，而州仓无见粮。乃入府谒监司，请假厅仓粟以活州民，许之。府州相距三百里，募州民能运斗粟者，与之三升。不十日，而三千粟尽入州仓，悉以赈。其明年春，又奉监司委运粟，赈洋县。至则语洋令曰："吾发官粟至此，必春贷秋还。倘秋不熟，我两人可代任之。"令曰："诺"。及秋，洋民曰："刘爷活我，我忍负刘爷乎？"争赴厅仓，纳粟赢故额百石。宁羌州民贫，多逋税。乃自卖家中田，代之输。下车之日，居民仅七家。期年而辐辏矣。一日出郭，见山多槲树宜蚕，乃募里中善蚕者，载茧种数万至。棨，山东诸城人。教民蚕茧成，复教之织。州人利之，名曰"刘公绸"。其后陈宏谋为陕，请下其法于他州县。由是陕人之蚕者益众。

陈玉壂[④]知遵义府，郡故多槲树，以不中屋材第，供薪爨。玉壂出巡，见之曰："吾得以利吾民矣！"乃遣人归历城，玉壂，历城人也。取山蚕茧种，且以蚕师来，行抵沅湘，蛹出不克就。越年，复遣人往取，期岁前到，蛹得不出。其明年，治茧于郡治侧西小邱，大获。乃遣蚕师，分教四乡。授以种，且给

---

① 蓝理（1648—1719 年），字义甫，号义山，福建漳州漳浦县赤岭畲族人。清康熙年间平乱名将。

② 赉：lài，赏赐。

③ 刘棨（1657—1718 年），字弢子，号青岑，山东高密人，清朝官员。

④ 陈玉壂：山东省历城县人，清乾隆三年遵义知府。

工作费。民争趋，若取异宝。年余，民间所获茧至八百万。自是郡善养蚕，而“遵绸”之名，遂与吴绫、蜀锦争价。至今民食其利。

李大本[①]知益阳，人不知蚕。大本教之树桑，后赖其利，号“李公桑”。

方观承[②]历官山东、浙江、直隶，尽心于农田、水利、沟洫、仓储诸务。所至设义仓，浚水道，理淤滩，殖禾谷。又以木棉可补丝麻之缺，乾隆三十年，尝条举木棉事十六则，绘图说以进。御题诗十六章，并令观承将所作诗，亦书于每幅之末。至今传诵，与康熙《耕织图》并重于世。

潘思榘[③]历官浙江、安徽、福建，以水利为农田之本，留意溉种。尝请大治余杭、会稽、上虞、余姚、慈溪各湖，及皖北各塘河。绘图鸠工，皆以迁擢，中辍居平，每以为憾，后卒。修筑宁德之东湖，垦良田万亩。及福州城外之西湖，筑堤千三百丈，建闸二，溉田数千顷。又亲勘福清之郎官港、法海埔，招垦海滩淤地，法海得地千三百余亩，郎官港得地八百余亩。疏闻朝廷，以其劝课农耕，得务民之本，优诏褒之。

沈光荣[④]知河内县，恤农民，务德化。征科不用敲扑，设酒及花帛，召诸里老，令逋课者跪堂前。斟酒进他里长之毕，输者饮之，为簪花被帛，鼓吹导出中门，由是输者毕至。有李家洼者，地斥卤，多逋课。光荣为引沟渠，开稻田。流民复业，给以牛及谷种，改名藏富村，遂成沃土。

① 李大本，字立斋，山东安丘人。雍正举人，乾隆间授湖南益阳知县。

② 方观承（1698—1768 年），字遐谷，号问亭，一号宜田，安徽桐同城成县人，清朝大臣。

③ 潘思榘（1695—1752 年），字絜方，江南阳湖人，清朝官员。

④ 沈光荣，字觐如，清汉军正白旗人。康熙间，由贡生任河内知县。

朱休度[①]**知广灵县。初莅任，值大荒，疫民流亡过半，前任亏官银数千。休度安抚招徕，补其耗欠，乃复其故。丁粮归地，善政也。县之丁粮未归者半，灾后或丁绝粮存，或地在人亡，或自外归占耕他人之田，或未归而他人不敢耕其田。休度乃亲履勘，奠其居，而劝之耕。一年而荒者，垦三年而土无旷，于是丁粮、地粮岁无逋负。**清代不设农官，而封疆重臣、郡县循吏，多能敦本励俗，爱民以诚。盖深得邱浚不扰民之义，又儒者有张履祥、陆世仪躬亲稼穑，深明为学必先治生之道。履祥所补《农书》，世仪所著《区田、代田论》，非身体力行者不能言也。

历代劝农事略卷下终，高树权校字。

① 朱休度（1732—1812 年），字介裴，号梓庐，浙江秀水人，清朝官员。

历代劝农事略补

初辑稿多罣漏，家君见责，殊自愧，兹复搜得数十则，亟为补入。嗣有所得，仍当续登。重阳前五日，树桓记。

上篇补

下篇补

历代劝农事略补

固安高树桓

上篇补　十一则

晋武帝太始四年正月，躬耕藉田于东郊，诏曰："近代以来，耕藉田于数步之内，空有慕古之名，曾无供祀训农之实，而有百官车徒[①]之费。今循千亩之制，当率群公卿士躬稼穑，以先天下。"于东郊之南，洛水之北。帝御木辂[②]以耕。

宋高祖刘裕命藏微时，耕具以示子孙，文帝见之有惭色。近侍进曰："大舜躬耕历山，伯禹亲事水土。陛下不观遗物，安知先帝之至德，稼穑之艰难乎？"

唐太宗入苑中，见蝗，掇[③]数枚，祝之曰："民以谷为命，而汝食之，宁食吾之肺肠。"欲吞之，左右谏曰："恶物，或成疾。"上曰："朕为民受灾，何疾之避？"是岁，蝗不为灾。

后唐明宗时，大有年，唐主从容问冯道曰："今岁虽丰，百姓赡足否？"道对曰："谷贵饿农，谷贱伤农，此常理也。

① 车徒：车马和仆人。

② 木辂：mùlù，古代帝王所乘坐的一种只涂漆而不覆盖象牙的车。

③ 掇：duō，摘取。

臣忆得近代有举子聂夷中伤田家，诗云：二月卖新丝，五月粜新谷。医得眼前疮，剜却心头肉。其言至近而易晓明。”宗顾左右，录其诗，常以自诵。又数问道等民间疾苦，闻道等言“谷帛贱”，则欣然曰：“吾何以堪之，当与公等作好事，以报上天？”尝夜焚香，仰天而祝曰：“臣本蕃人，岂足治天下？世乱久矣，愿天早生圣人。”

宋真宗勤政恤农，每雨雪，不时忧形于色。时邢昺为礼部尚书，以其素习田事，多委曲访之。初，田家察阴晴、凶丰皆有状候，老农之相传者率有验，昺多采其说为对。又吕夷简[①]知滨州，尝请免税河北农器。帝曰：“务穑劝农，古之道也。岂独河北哉？”诏诸路，并除之。

高宗令宫中养蚕，谓辅臣曰：“宫中亦自育蚕，欲使知女工艰难，每事质俭也。”

金太宗天会中，以京西鹿囿赐农民。

世宗节用爱民，常日御膳亦从减省。尝言：“朕若欲丰腆，虽日用五十羊不难，然皆民之脂膏，不忍为也。朕尝历外任，稔知民间之事。想前代之君，虽享富贵，不知稼穑艰难者甚多。其失天下，皆由此也。辽主闻民间乏食，谓何不食干腊？盖幼失师保之训，及其即位，故不知民间疾苦也。”

宣宗巡幸南京，禁扈从践踏民田。有伤禾稼者，计直酬之。尝因河南路蝗，遣官分捕。谕宰臣曰：“朕在潜邸，闻捕蝗者止及道旁，使者不见处即不捕，当以此意戒之。”又单州雨雹伤稼，诏遣官，劝谕农民，改莳秋田，官给其种。

明太祖命图所历艰难，以示子孙，谓侍臣曰：“朕本农家，

① 吕夷简（979—1044 年），字坦夫，寿州人。北宋政治家、宰相。

祖父皆长者。今图此者，恐后世子孙富贵易骄，使观之，知王业之艰难也”。

宣宗道中见耕者，以数骑往眎[①]之，下马从容询稼穑事，因取所执耒，三推耕者。初不知识上也，中官语之，力惊罗拜。上令随至营人赐钞，因录其语，作《耕夫记》。

下篇补　五十三则 附十则

汉儿宽[②]为左内史，勤民重农。奏开六辅渠，定水令，与召信臣之均水约束同。**以广溉田。收租税，与民相假贷，**谓有贫弱及农要之时，不即征收也。**以故租多不入。后有军发，左内史以负租课殿，**所谓“催科政拙，考下下也”。**当免民闻皆恐失之，大家牛车，小家担负输租，繦属不绝。**繦，索也。言连续不绝，若绳索之相属也。**课更以最上。**按《汉书注》曰：韦昭曰“六辅，京兆、冯翊、扶风、河东、河南、河内也”。刘德曰“于六辅界中为渠也。”师古曰“二说皆非也。”《沟洫志》云：儿宽为左内史，奏请穿六辅渠，以益溉郑国旁高卬之田。此则于郑渠上流南岸，更开六道小渠，以辅助溉灌耳。今雍州云阳、三原两县界，此渠尚存，乡人名曰六渠，亦号辅渠。故《河渠书》云：关内则辅渠、灵轵是也，焉说三河之地哉？

卜式[③]素以田畜为事。畜羊百余，入山牧十余年，羊致千余头。大买田宅后，以输家财助边，并助贫民。拜官赐爵，

---

① 眎：shì，同“视”，看。

② 儿宽（？—前 103 年），又作倪宽，西汉千乘人。治《尚书》，为孔安国弟子。公元前 113 年，任左内史，劝农业，缓刑罚，并负责在郑国渠上流南岸开六条小渠，灌溉两旁高地，称为“六辅渠”。后任御史大夫，与司马迁等共同制定”太初历”。

③ 卜式，西汉河南人，西汉大臣。

为天子牧羊上林苑中。岁余，羊肥息。试缑氏令，迁成皋令，转拜齐王太傅。上以式躬耕牧畜，不为利惑，赐黄金四十斤、田十顷，布告天下，以风百姓。

文翁[①] **为蜀郡太守，穿湔洩口，溉灌繁田千七百顷，人获其饶。**

崔瑗[②] **为汲令，有泽田不殖五谷。瑗为开浍，兴造辟稻田数百顷。蒲苲之地，更为沃壤，民赖其利。**

邓晨[③] **为汝南太守，兴鸿隙陂**[④]**，益地数千顷。汝上以殷鱼稻之饶，流衍它郡。**

延笃[⑤] **为京兆尹，劝民农桑。谷食丰饶，户口日增，邻治老少皆归之。**

魏徐邈[⑥] **为凉州刺史，以凉州土地少雨，常苦乏谷。乃广开水田，募贫民佃之。家家丰足，仓廪盈溢。**

胡质[⑦] **都督青徐诸军事，广农积谷有兼年之储，置东征台，且佃且守。**

刘馥[⑧] **为扬州刺史，修芍陂及茹陂、七门、吴塘诸堰，以溉稻田，公私有蓄。**子靖为河南尹，迁镇北将军，亦留心蚕麦，修理陂塘，有馥遗风。○孙宏，晋初督荆州，亦观课农桑。岁用有年，百姓爱说。

---

① 文翁（前 187—前 110 年），名党，字仲翁。西汉舒县人，西汉循吏。

② 崔瑗（77—142 年），字子玉，涿郡安平人，东汉著名书法家、文学家、学者。

③ 邓晨（？—49 年），字伟卿，南阳新野人，东汉官员。

④ 鸿隙陂是位于淮河干流与南汝河之间的古代大型蓄水灌溉工程。

⑤ 延笃（？—167 年），字叔坚，南阳郡犨县人，东汉官员。

⑥ 徐邈（171—249 年），字景山。燕国蓟县人。三国时期曹魏重臣。

⑦ 胡质（？—250 年），字文德，寿春（今安徽省寿县）人，三国时期曹魏大臣。

⑧ 刘馥（？—208 年），字元颖，沛国相县人，东汉末年名臣。

贾逵[①]为豫州刺史，遏鄢汝，造新陂。又通运渠三百余里，人称“贾侯渠”。

邓艾[②]留屯土邽，欲积谷强兵，以待有事。为区种之法，手执耒耜，率先将士。又奉使行陈项以东至寿春，以为田良。水少不足尽地利，遂建议广开河渠，大修陂堰。穿渠三百余里，溉田二万顷。淮南、淮北皆相连接。自寿春到京师，农官兵田，鸡犬之声，阡陌相属。每东南有事，军众泛舟而下，达于江淮。资食有储，而无水害。

晋石苞[③]为司徒，奏州郡农桑未有赏罚之制，宜遣掾属循行。均其土宜，举其殿最，诏许，增置掾属十人，听取王官更练事业者，循行州郡，督察播殖。

桓宣[④]镇襄阳，招怀初附，劝课农桑。或载锄耒于轺轩，或亲芸获于陇亩。在镇十余年，能得众心。

王宏为汲郡太守，抚百姓如家人。耕桑树艺，屋宇阡陌，莫不躬亲教示。曲尽事宜，督劝开荒五千余顷。比年，普饥人不足食，而宏郡界独无匮乏。诏赐谷千斛，以风天下。

王骏[⑤]镇关中，力兴屯垦劝课。与士卒分役，僚佐及兵将计亩，故粮饷充足，军心以固。

荀羡[⑥]镇淮阳，屯田于东阳之石鳖，公私利之。

---

① 贾逵（174—228 年），本名贾衢，字梁道，河东襄陵人汉末三国时期曹魏名臣。

② 邓艾（197—264 年），字士载，义阳棘阳人。三国时期魏国杰出的军事家、将领。

③ 石苞（？—273 年），字仲容，渤海南皮人。三国时曹魏至西晋重要将领，西晋开国功臣。

④ 桓宣（？—344 年），谯国铚县人，东晋时期将领。

⑤ 王骏：字逸仙，汉成帝刘骜时期大夫。

⑥ 荀羡（322—359 年），字令则，颍川郡颍阴县人，东晋大臣。

孔愉[①]为会稽内史，于句章县修复汉时故堰，田二百余顷，皆成良业。

宋张邵[②]为雝州刺史，至襄阳筑长围，修立堤堰，开田数千顷，公私充给。

齐范云[③]尝从文惠太子幸东田，观获稻。文惠顾谓曰："此刈甚快。"云曰："三时之务，亦甚勤劳。愿殿下知稼穑之艰难，无徇一朝之宴逸也。"文惠改容谢之。按：《范云传》在《梁书》，兹列入齐代者，以所录系齐时事也。

北魏刁雍[④]为薄骨律镇将，以其地乏雨，稼穑艰难，乃修复艾山旧渠。灌官私田四万余顷，于是官课常充，民亦丰赡。

裴延儁[⑤]为幽州刺史，时水旱不调，人多饥馁。延儁乃修浚范阳、渔阳各渠堰，溉田百万余亩，为利十倍。

北齐苏珍芝为尚书左丞，建议修石鳖等屯，岁收数十万石，自是淮南军防粮足。

嵇晔为平州刺史，建议开幽州督亢旧陂，长城左右营屯，岁收稻粟数十万石，北境得以周赡。

隋卢贲[⑥]为怀州刺史，决沁水东注，名曰"利民渠"。又派入温县，名曰"温润渠"，以溉舄卤，民赖其利。

元晖[⑦]为都官尚书，奏请决杜阳水，灌三畤原。溉舄卤之

① 孔愉（268—342 年），字敬康，会稽山阴人，祖籍梁国。东晋名臣。

② 张邵（？—440 年），字茂宗，吴郡吴县人。南北朝时期刘宋开国功臣。

③ 范云（451—503 年），字彦龙，南乡郡舞阴县人。南朝梁大臣，著名文学家，范缜从弟。

④ 刁雍（390—484 年），字淑和，渤海郡饶安人。北魏大臣，东晋尚书令刁协之曾孙。

⑤ 裴延儁（？—528 年），河东闻喜人。南北朝时期北魏大臣。

⑥ 卢贲（541—594 年），字子征，涿郡范阳人。北周到隋朝时期大臣，燕郡公卢光之子。

⑦ 元晖（465—519 年），字景袭，河南洛阳人，鲜卑族。北魏宗室大臣

地数千顷，人民蒙利。

薛胄为兖州刺史，堰城东沂泗二水决，令西注。于是陂泽尽为良田，先是二水合西南流，泛滥大泽中，胄积石堰之，乃西注溉田。**百姓赖之，号为“薛公丰兖渠”。**

唐伯季纂武德中，为屯田农圃监，每督事苑中，小心畏慎，勤于稼穑，高祖亟称之。

裴行俭[①] **检校幽州都督，引卢沟水，广开稻田数千顷，人蒙其利。**孙倩为信州刺史，亦劝民垦田至二万亩。

孟元阳[②] **董作西华屯，盛夏芒屩**[③] **立稻田中。须役者退，而后就舍。故其田，岁无不稔，军食常足。**

温造[④] **为朗州刺史，奏开后乡渠九十七里，溉田二千顷。郡人利之，名为“右史渠”。**

张俭[⑤] **为朔州刺史，广营屯田，岁收谷数十万斛。边粮既饶，及遭霜旱百姓相赡，并免饥馁。**按《后汉书·党锢传》亦有张俭，彼为名流，此为良吏。

李元谅[⑥] **为陇右节度使，率军士芟林薙草，披荆棘，辟莱芜，开部下荒田数十里。劝军士树艺，岁收菽粟数十万斛。**

戴叔伦[⑦] **为抚州刺史，民争溉灌。叔伦为作《均水法》，俗便利之，耕饷岁广。**

王起[⑧] **为山南东道节度使，滨海塘堰，联属吏弗完治，起**

---

① 裴行俭（619—682 年），字守约，绛州闻喜县人，唐朝初年军事家、政治家、书法家。

② 孟元阳（？—815 年），唐朝中期将领，安州刺史孟常谦之子。

③ 芒屩：máng juē，草鞋。

④ 温造（766—835 年），字简舆，号水南山人，并州祁县人，唐朝大臣。

⑤ 张俭（591—650 年），字约师，范阳方城人，唐朝外戚大臣。

⑥ 李元谅（732—793 年），祖籍安息，唐朝中期名将。

⑦ 戴叔伦（约 732—约 789 年），唐代诗人，字幼公（一作次公），润州金坛人。

⑧ 王起（760—847 年），字举之，祖籍太原，后定居扬州。唐朝宰相、学者。

至部首，先修复，与民约为水令，遂无凶年。又曹王皋为荆南节度观察，广良田五千顷。孟简为常州刺史，辟沃壤四千余顷。于頔为湖州刺史，溉田三千顷。亦皆善用水利者。

五代冯道[①]居父丧时，遇岁饥，悉出所有，以周乡里。而退耕于野，躬自负薪。有荒其田不耕与力不能耕者，道夜往潜为之耕，乡人感之。道人无足取，而勤谨有余，使终身伏处，亦乡里善人也。

宋武允成为太子中允。淳化时，宋亳间，牛多死。允成献踏犁一具，不用牛，以人运之。上太宗、**命仿其式，令上方工官，造成数千具。赍[②]于宋州，大起冶铸，以给与贫民。**

赵抃[③]知崇安，以崇安多水，乃从县西凿陂，溉田甚广，人怀其惠，久而不忘，因取其谥名"清献陂"。

崔立[④]知江阴军，属县有利港久废。立教民浚治，既成溉田数千顷，谷粟倍增，人民饶裕。按：立系祥符时人，韩琦妇翁也。见《宋史·循史传》，与金末叛同姓名，可谓一良一暴。

苗时中[⑤]为宁陵主簿，邑有古河久堙。时中请开导以溉田，为利甚博，人谓之"苗公河"。

王信[⑥]知绍兴府，山阴境有狭猱湖[⑦]。四环皆田，岁苦潦。信创起斗门，导停潴，注之海。筑十余坝，化汇浸为上腴。民绘像以祠，更名其湖曰"王公湖"。

---

① 冯道（882—954 年），字可道，号长乐老，瀛州景城人，五代十帝时元老重臣。

② 赍：jī，赐予。

③ 赵抃（1008–1084 年），字阅道，号知非子，衢州西安人，北宋时期名臣。

④ 崔立（979—1043 年），字本之，鄢陵人，宋代官员，官任工部侍郎。

⑤ 苗时中，字子居，其先自壶关徙宿州。

⑥ 王信（1137—1194 年），字诚之，丽水人。南宋文官。

⑦ 狭（áng）猱（sāng）湖：俗称黄魚桑湖，位于绍兴市越城区灵芝街道境内。

程师孟[①]**知河东路。晋地多土山，旁接川谷。春夏大雨，水浊如黄河，**俗谓之天河。**可灌溉。师孟劝民出钱，开渠筑堰，淤良田万八千顷。裒其事为《水利图经》，颁之州县。**又鲁有开知确山县，兴废陂，溉民田数千顷。叶康直知亳州，通浚积潦，民获田数十万亩。洪遵知太平州，筑圩田凡万数，亦皆善修陂堰者。

辽萧文[②]**知易州兼西面安抚使。高阳土沃民富，吏其邑者，每黩于货，民甚苦之。文至，悉去旧弊，专务农桑，民皆化之。时大旱，文祷之，辄雨。县属又蝗，文返躬自责，蝗尽飞去，霪雨不止，亦随祷而霁。**此与汉宋均、唐田仁会事相近。又《东观汉记》载韩棱为下邳令，吏民爱慕，时邻县皆以雹伤稼，下邳独无。凡此皆和气致祥，不必泥于神教。

金刘敏行[③]**为肥乡令，岁大饥，盗贼掠人为食。诸县老弱入保郡城，不敢耕种。农事废，畎亩荒芜。敏行白州，借军士三十护县民出耕，多张旗帜为疑兵。敏行率军巡逻，日暮则阅民入城。由是盗不敢犯，而耕稼滋殖。**

元耶律伯坚[④]**为清苑县尹。县西有塘水，溉民田甚广，势家据以为碓，民以失利。伯坚命毁碓，决其水，而注田。许以溉田之余月，乃得堰水置碓。仍以其事闻省部，著为定制。**

吕思诚[⑤]**为景州蓨蓨县尹，差民户为三等，均其徭役。每岁春，行田树畜勤敏者，赏以农器。人争趋事，地无遗利。**

姚天福[⑥]**为山北道按察使，其民鲜知稼穑。天福教以树艺，**

---

① 程师孟（1015—1092年），字公辟，号正议，苏州吴县人，生于官宦之家。

② 萧文，字国华，外戚之贤者也。父直善，安州防御使。

③ 刘敏行，平州人，登天会三年进士。

④ 耶律伯坚，字寿之，桓州人。气豪侠，喜与名士游。用荐举入官，为工部主事。

⑤ 吕思诚（1293—1357年），字仲实，平定人，元朝名臣。

⑥ 姚天福（1229—1302年），字君祥，南阳村人，元初名臣。

皆至蕃富。民为建祠，而刻石以纪之。

许义夫[①]为夏邑县尹，每亲诣乡社，劝民稼穑。见勤谨者，出己俸赏之。怠惰者，罚之。三年之间，境内丰足。

乌古孙泽[②]为广西两江道宣慰副使，陂水垦田，筑八堨以节潴泄。稻田丰稔，边民赖之。又为海北、海南廉访使，浚二十四渠，得良田数千顷。濒海广泻，并为膏土。民歌之曰："潟卤为田兮，孙父之教。渠之泱泱兮，长我秔稻。自今有生兮，无旱无涝。"

明沐英[③]镇云南简守令，课农桑，岁较屯田增减，以为赏罚。垦田至一百一万余亩，教化大行，云南遂为乐土。子春袭镇，亦大修屯政，更辟田三十余万亩。复凿铁池，灌宜良涸田数万亩。民复业者，五千余户。为立祠祀之。

徐咸[④]为沔阳郡守，值兵燹后，陵谷怀襄，民嗷嗷待殍。咸区画中理，民多全活。沔地宜黍，而嘉谷鲜植。咸仿吴地播种之法，教民习之，民享其利。

彭谊[⑤]为绍兴守，值岁饥发仓振之。或谓："当上闻否？且得罪。"谊曰："待请而发，转沟壑者多矣，吾何爱一身，而不以活万命先？"是郡中，税重耕者多流徙逋负。谊请计亩起租，减重增轻。又因暇筑白马闸，卤压不入，溉良田数万顷，一郡蒙利。

---

① 许义夫，资料甚少，只知他是砀山人。

② 乌古孙泽（1250—1315 年），字润甫，号懒斋，临潢人。

③ 沐英，字文英，濠州定远人，明朝开国功臣，军事将领。

④ 徐咸（1481—1566 年），字子正，号东滨，海盐人。明朝官员，著《近代名臣言行录》六卷。

⑤ 彭谊（1410—1498 年），字景宜，号正庶，广东广州府东莞县莞城市桥人。明宣德十年（1435 年）举人，官至资善大夫。

贝恒[①]知东阿县邑，西南有巨浸积潦，为田害。恒相视高下，凿渠引入大清河，涸之得沃壤数百顷，民食其利。

范衷[②]知寿昌县，辟荒田二千六百亩，兴水利三百四十有六区三。考报最当迁，邑人颂德乞留，御史以闻朝廷，许之。

庞嵩[③]权应天尹，值岁饥，筹振贷，蠲积逋，缓征徭。勤劳来复业者，十万余人。又江宁县葛仙、永丰二乡，频遭水患，居民止存七户。嵩为治堤筑防，得田三千六百亩，立“惠民庄”，四召贫民佃之，流移尽复。

历代劝农事略补终，高树权校字。

---

① 贝恒（1370—1426 年），字秉彝，以字行，上虞人。

② 范衷（1738—1797 年），字士垣，号恭亭，清代上虞人。乾隆三十六年（1771）登进士，名列第三，为探花。

③ 庞嵩（1510—1587 年），字振卿，学者称弼唐先生，广东广州府南海县张槎弼唐村人。

附录

《续修四库全书提要》农家类

高润生《续修四库全书总目提要》子部农家类手稿

旃曰爰之其實離之故不我若也吾又何能為哉問者曰以子之道移之官理可乎駝曰我知種樹而已理非吾業也然吾居鄉見長人者好煩其令若甚憐焉而卒以禍旦暮吏來而呼曰官命促爾耕勖爾植督爾穫蚤繅而緒蚤織而縷字而幼孩遂而雞豚鳴鼓而聚之擊木而召之吾小人輟飧饔以勞吏者且不得暇又何以蕃吾生而安吾性耶故病且怠若是則與吾業者其亦有類乎問者嘻曰不亦善夫吾問養樹得養人術傳其事以為官戒也以上文見柳子厚

續修四庫全書總目 卷 部

集此種樹書即依託其文衍為書三卷上卷言種樹木瓜蔬菜等類中卷言種豆麥及種竹等類下卷言種花果等類每卷首並有九焦在某天火在某地火在某等語此書題曰種樹書即題曰唐郭橐駝著並附明周履靖校蓋偽書也

明人好作偽如中晚唐詩紀子貢詩傳等類皆是託為古書乎此書名也種樹書乃明周履靖所編而退居於校鐫

中華民國二十五年固安高潤生萊坡甫謹校正

花傭月令一卷 傳硯齋叢書本

清江郡徐石麒撰儀徵吳丙湘校栞石麒字又陵號坦庵自稱花傭蓋以為花傭工之人自居也此書之首載有其鄉人焦循序謂其書以十二月為經以移植分栽下種過接扦壓滋培修整收藏防忌九事為之緯蓋其退居湖上歲以養花種樹為樂舉所試而驗者筆之於楮也昔子路使子羔為費宰孔子曰賊夫人之子蓋不知治人之道則刑固傷之恩亦傷之猶種樹者不知治樹之道則栽培剪伐皆無當也柳宗元作郭

續修四庫全書總目 卷 部

橐駝傳以為官戒吾於坦庵之書亦然云云益養花種樹之法胥括於此一卷中矣

7—602

目 录

养羊法一卷

（玉函山房本）

汉卜式撰。案《汉书·卜式传》曰：卜式，河南人也。以田畜为事，有少弟。弟壮，式脱身出，独取畜羊百余，田宅财物尽与弟。入山牧十余年，羊致千余。买田宅，而弟尽破其产。式辄复与弟者数矣。

时汉方事匈奴，式上书，愿输家财半，助边。武帝召拜中郎，官至御史大夫。清玉函山房主人马国翰云：其人益心计之士，殊无足取，独其论牧羊如治民，“以时起居，恶者辄去，毋令败群。”颇得持要之旨。史称式不习文章，未必能著书传世。而梁《七录》有《卜式养羊法》一卷，疑出依托为之。

《隋书·经籍志》注云：上考贾思勰《齐民要术》载养羊篇，中引卜式，盖遗法也。兹据补录，畜牧而求肥息者，或有取于斯焉云云。

至其书，则谓“腊月、正月生羔为种者上，十一月、二月生者次之。圈必与人居相连，开窗向圈。圈中作台开窦，无令停水。二日一除，勿使粪秽。圈内须并墙竖柴栅，令周匝，羊一千口者。三四月中，种大豆一顷，杂谷并草，留之不须锄治。八九月中，刈作青茭。积茭之法：于高燥之处，竖桑棘木，作两圆栅，各五六步。畜积茭著栅中，高一丈亦无嫌。任羊绕栅，竟日连夜，口常不住。经冬过春，无不肥充。若不作栅，假有千车茭，掷与十口羊，亦不得饱。群羊践蹑而已，不得一茎入口。不收茭者，初冬乘秋，似如有肤羊羔，乳食其母。比至正月，母皆瘦死。羔小未能独食水草，寻亦俱死。非直不滋息，或灭群断种矣。故寒月生者，须燃火于其边。凡初产者，宜煮谷豆饲之。内羔子坑中，十五日后方吃草，乃放之。”以上皆卜式所谓畜牧而求肥息之法也，谨节录之。

蔡癸书一卷

（玉函山房本）

汉蔡癸撰，清马国翰辑。案国翰云：《汉志》“农家”谓《汉书·艺文志》农家类也。有蔡癸一篇。注：宣帝时以言便宜，至弘农太守。师古曰：刘向《别录》云“邯郸人”。其书《隋唐志》皆不著录，亡佚已久。考贾思勰《齐民要术》引崔寔《政论》，有“赵过教民耕殖”，其法“三犂共一牛”云云。而《太平御览》引作“宣帝使蔡癸校民耕事”，文正同。盖癸书述赵过法，而崔氏引之也。又《汉书·食货志》详言赵过“代田之法”，后次以蔡癸以好农，使劝郡国，至大宫。知当日校民耕植，不外代田也。兹据采补，附录《汉志》，俾有征考。农圃小道，亦具见师承如此云云。

至其书注，则据《御览》引崔元始《政论》曰：宣帝使蔡癸校民耕相，三犂共一牛，一人持之，下种挽耧，皆取备焉。日种一顷也。并附录《汉书·食货志》：武帝末年，封丞相为富民侯，以赵过为搜粟都尉。过能为代田，一亩三圳，岁代处，故曰代田。古法也，用力少而得谷多。文详《汉书·食货志》，兹不具录。

养鱼经一卷

（玉函山房本）

周陶朱公撰，清马国翰辑。案国翰云：陶朱公即范蠡。《史记·货殖列传》：范蠡既雪会稽之耻，乃喟然而叹曰：“计然之策，越用其五而得意。既已施于国，吾欲用之家。”乃乘舟浮于江湖。变名易姓，适齐为鸱夷子皮，之陶为朱公。书作于居陶之时，故题陶朱公。《括地志》言陶即陶山，在齐州平阳县界。陶与齐近，故齐君聘而问之。书言威王者，齐威王也。梁《七录》作《陶朱公养鱼法》，《唐书·艺文志》作《范蠡养鱼经》，今佚。唯《齐民要术》及引之陶宗仪《说郛》卷一百七有此书。盖亦从《要术》录出，经首增多“朱公居陶”句，威王上有“齐”字。当是以意加之。而《要术》所引，又作“鱼池法”，失载于经，兹据订正。思鰓谓朱公收利，未可顿求。然依法为池养，必大丰足。终天靡穷，斯亦无赀之利也。余甚韪乎其言云云。

至其书，则谓以六亩地为池，池中有九洲。求怀子鲤鱼，长三尺者，二十头。牡鲤鱼，长三尺者四头。以二月上庚内池中，令水无声，鱼必生。至四月内一神守，六月内二神守，八月内三神守。神守者，龟也。所以内龟者，鱼满三百六十，则蛟龙为之长，而将鱼飞去。内龟则鱼不复去，在池中周绕九洲无穷，自谓江湖也。至来年二月，得鲤鱼，长一尺者一万五千枚，三尺者四万五千枚，二尺者万枚。枚直五十，得钱一百二十五万。至明年，得长一尺者十万枚，长二尺者五万枚，长三尺者五万枚，长四尺者四万枚。留长二尺者三千枚作种，所余皆取钱五百一十五万钱。候至明年，不可胜计也。王乃于后苑治地，一年得钱三十余万。又作“鱼池法”：三尺大鲤，非近江湖，仓卒难求。若养小鱼，积年不大。欲令生大鱼法，要须截取薮泽、陂湖饶大鱼之处，近水际土，以布池底。二年之内，即生大鱼。盖由土中先有大鱼子，得水即生也。

野老书一卷

（玉函山房本）

撰人名氏缺，清马国翰辑。案国翰云:《汉志》谓《汉书·艺文志》

也。农家有《野老》十七篇。注：六国时，在齐楚间。应劭曰："年老居田野，相民耕种，故号野老。《志》注止此。《隋唐志》皆不著录，谓《隋唐·书艺文志》，皆无此书名也。书佚已久。谓曰：隋唐后至今，已散佚无传也。考《吕氏春秋》，载上农、任地、辩土、审时四篇。家宛斯先生《绎史》云：此指马骕《绎史》言。宛斯，骕之字也。"盖古农家野老之言，而吕子述之，兹据补录"。书中称后稷语，古奥精微。其论得时失时，形色情状，洵非老农不能道。以此劳民劝相，洵堪矜式。宜吕氏宾客，取载多篇，与周公《月令》，相辅而行也云云。

至其书，分上农、任地、辩土、审时四篇，说皆详《吕氏春秋》。盖皆古老农相传遗说，吕氏宾客并载之。以老农无定名，故概呼曰野老，犹云田野间之老人，所留传之书也。以《野老书》继《神农书》，盖皆古农书之仅有存者，宜吕氏宾客之详录之也。

神农书一卷

（玉函山房本）

炎帝神农氏撰，清马国翰辑。案国翰云：《汉书·艺文志》"农家《神农》二十篇，兵阴阳家《神农兵法》一篇，五行家《神农大幽五行》二十六卷，今考《艺文志》作二十七卷，未知孰是？杂占家《神农教田相土耕种》十四卷，经方家《神农黄帝食禁》七卷，神仙家《神农杂子技道》二十三卷"。其"农家二十篇"注：六国时诸子疾时，怠于农业，道耕农事，托之神农。师古曰：刘向《别录》云"疑李悝及商君所说"，由此类推，凡志所载篇目，大抵皆依附为之。今其书并佚。考唐《开元占经》，载有八谷生长一篇，差为完具。又亟引《神农》古数节，《管子》《淮南子》《汉食货志》等书，或引神农之数，或引神农之法，或引神农之教。又《艺文类聚》引《神农求雨书》，得有篇目可称者凡六。其他佚文散句，时见传注所引。并据辑录，不可区分，统入农家。至他书所引《食禁别采集》，与本草相次，不录于兹云。

至其书，分八谷生长篇、占篇、数篇、法篇、教篇、求雨篇、杂篇共七篇。其八谷分十五种。如禾出于上党羊头之山右谷中，黍出于大梁之山左谷中，大豆出于沮石之山谷中，小豆出于农石之山谷中，秫出于农石之山谷中，荞麦出于农石之山谷中，麻出于农石之山谷中，稻出于农石之山谷中。以上皆神农所得，至后六种云，以生长日种者多实，则神农教民种之之法也。

尹都尉书一卷

（玉函山房本）

汉尹民撰，清马国翰辑。案国翰云：尹氏名字、里居俱无考。都尉，其官号也。《汉志》“农家”有《尹都尉》十四篇。注：不知何世，考《氾胜之书》曰“验美田至十九石，中田十三石，薄田一十石。尹泽取减法，神农复加之。”尹泽，疑都尉之名，意其为汉成帝以前人也。国翰言如此。

今考《都尉书》，分种瓜、种芥、种葵、种蓼、种薤、种葱六篇，《齐民要术》备载其法。如种瓜法，分收瓜子，及田底种时，种法、锄法；散灰根下，以土培根各法；又耕法、劳之令平法。凡一顷地中，须开十字大巷，道两乘车来去，其瓜都在十字巷中。瓜生至初花，必须三四遍熟锄，勿令草生。锄法令上下四厢高，微雨时得停水，瓜悬在下。摘瓜法：在步道上，引手而取。勿听浪人踏瓜蔓，及翻复之。凡瓜所以早烂者，由脚蹑，及摘时不慎，翻动其蔓故也。种芥法：蜀芥、芸苔取叶者，皆七月半种。地欲粪熟，蜀芥一亩，用子一升。芸苔一亩，用子四升。种法与芜菁同。既生，亦不锄之。十月，收芜菁讫时，收蜀芥，芸苔足霜乃收。种芥子及蜀芥、芸苔取子者，皆二三月好，雨泽时种。旱则畦种水浇，五月熟而收子。种葵法：临种亦燥曝葵子。地不厌良，故墟弥善，薄则粪之。葵生三叶，然后浇之。早种者必秋耕。十月末地将冻，散子劳之，人足践踏之乃佳。地释即生，锄不厌数。五月初更种之。六月一日，种白茎秋葵。秋葵堪食，仍留五月种者取子。于此时附地剪却春葵，令根上蘖生者，柔软至好，仍供常食，美于秋葵。种蓼法：三月可种荏、蓼。荏性甚易生，蓼尤宜水畦种也。蓼作菹者，长二寸则剪之，袋盛沉于酱瓮中。又长，更剪，得嫩者。取子者，候实成，速收之。五月六月中，蓼可为齏以食苋。种薤法：薤宜白软良地，三转乃佳。二月三月种，率七八支为一本。薤子三月叶青，便出之燥曝，挼去莩余，切却姜根。先重耧耕地，垄燥培而种之，率一尺一本。叶生即锄，锄不厌数。五月锋，八月初耩。叶不用剪，九月十月出卖。拟种子，至春地释即曝之。种葱法：收葱子必薄布阴干，勿令浥郁。其拟种之地，必须春种绿豆，五月掩杀之。比至七月，耕数徧。一亩用子四五升，炒谷拌和之。两耧重耩，窍瓠下之，以批契继腰曳之。七月纳种，至四月始锄，锄遍乃剪，剪与地平。剪欲旦起，避热时。良地乃三剪，薄地再剪。

氾胜之书二卷

（玉函山房本）

汉氾胜之撰，清马国翰辑。案国翰云，《汉书》注：谓《艺文志》注也。胜之，成帝时为议郎。刘向《别录》：使教田三辅，有好田者师之。此下并云，徙为御史。《晋书·食货志》：昔汉遣轻车使者范胜之，督三辅种麦，而关中遂穰。《文选注》引王隐《晋书》云："氾胜之敦睦九族。"《广韵》二十九凡、氾字注"又姓，出燉煌、济北二望"。皇甫谧云："本姓凡氏，遭秦乱，避地于氾水，因改焉。汉有氾胜之，撰书言种植之事。子辑为燉煌太守，子孙因家焉。"郑樵《通志·氏族略》：汉有氾胜之，为黄门侍郎。此其事迹可考者。

其书旧列农家，《汉志》十八篇，《隋唐志》并二卷，今无传本，散见贾思勰《齐民要术》。按贾书篇辑录犹得十四篇，又从"黍祭篇"别出"种稗"，于"种谷篇"别出"区田法"，为篇十六。又从《文选注》《艺文类聚》《太平御览》所引，缀为杂篇上下，十八篇之书犹完。依《隋志》分为二卷。书言树艺之法，现切详明。郑康成注《礼》亟引之。贾公彦谓汉时农书者数家，氾胜之为上。洵不可虚也云云。

至其书分上下二篇，上篇为耕田篇、收种篇、种谷篇、区种法篇、黍穄篇、大豆篇、小豆篇、麻子篇、种麻篇、大小麦篇、种稻篇、种稗篇。下篇为种瓜篇、种瓠篇、种芋篇、种桑篇、杂篇上、杂篇下。今考胜之所言各法，并载后魏贾思勰《齐民要术》。思勰所言，尤为详备。此前人书，反赖后人书而存。设无后人书，则前人书，不几湮没而莫知其所出欤？此贾思勰书之所以可贵，而《氾胜之书》之所以至今犹存其梗概也。不有思勰，则胜之书无人知之。即胜之名，亦无人知之也已。

范子计然三卷

（玉函山房本）

周范蠡撰，清马国翰辑。案国翰云：蠡为越大夫，事迹详《史记·越王句践世家》及《货殖列传》、裴骃《集解》。引太史公

《素王妙论》曰："蠡，南阳人"。《列仙传》曰："蠡，徐人"。张守节《正义》引《会稽典录》云："范蠡，字少伯。楚宛三户人。"又引《越绝》云："在越为范蠡，在齐为鸱夷子皮，在陶曰朱公。"又曰："居楚为范伯，书名《计然》者。"据本书"计然，葵邱濮上人。姓辛氏，字文子"。徐广《史记音义》云："范蠡之师也，名研。"司马贞《史记索隐》："计然，《吴越春秋》谓之计倪，又谓倪与研是一人。"《汉》《隋》皆不著录，《唐书·艺文志》有《范子计然》十五卷。注: 范蠡问，计然答。马总《意林》云:"《范子》十二卷。"案郑樵《通志·氏族略》云:"越有范蠡，著书曰《计然》。"又宰氏注: 引《范蠡传》"范蠡师事计然，姓宰氏，字文子。"意者"辛"为"宰"字之误。《汉志》"农家"《宰氏》十七篇，或即计然欤。志文于宰氏十七篇下注曰：不知何世？是以宰氏即计然，无疑义也。贾思勰《齐民要术》尝引之，是北魏时其书尚行，《隋志》偶未及载耳。辑为三卷，书于物之出，皆用郡县。后人羼入者有之。至其熟悉物情，而善观时变，其真自不可掩也云云。

至其书为分上、中、下三篇。上篇为内经篇、阴谋篇、富国篇，皆计据践吴事。中篇为范蠡、计然问答。如天地、日月、风雪、五行、五方、五谷、三光、四时、九宫、九田、古今人事，罔不备毕。下篇为叙各物出产地。自玉石、锦绢、犀角、兔毫、狐皮等物外，药材居多，记以备用。要皆有取之不尽，用之不竭之便，洵裕国之善策也。故毕录之。

氾胜之遗书一卷

（许斋丛书本）

清宋葆淳撰。案葆淳云：汤有旱灾，伊尹作为区田，教民粪种。

一本有"负水浇稼"四字。区田，非必须良田也。诸山陵、近邑、高危、倾阪及邱、城上，皆可为区田。区田不耕耘地，庶尽地力。凡区种不先治地，便荒地为之。以亩为率，令一亩之地，长十八丈，广四丈八尺，当横分十八丈，作十五町。町间分为十四道，以通人行，道广一尺五寸。町皆广一尺五寸，长四丈八尺。直横凿町作沟，沟一尺，深一尺。积穰于沟间，相去亦一尺。尝悉以一尺地，积穰不相受，令宏作二尺地以积穰。上农夫区方深各六寸，间相去九寸。一亩三千七百区，一日作千区。区种粟二十粒，亩用种二升。秋收区别三升，粟亩收百斛。中农夫区方九寸，深六寸，相去二尺。一亩千二十七区，用种一升，收粟五十一石。一日作三百区。下农夫区方九寸，深六寸，相去二尺。一亩五百六十七区。用种六升，收二十八石。一日作二百区。以上皆宋葆淳引《氾胜之书》区种法篇语。此氾胜之遗书一卷，别入许斋丛书。殆即《金史·食货志》所谓"农民有地一顷者，区种一亩，五亩即止"。《元史·食货志》所谓"田无水者凿井，井深不能得水者，听种区田之意欤"。

老圃良言一卷

（学海类编本）

明巢鸣盛撰。案：鸣盛，嘉兴人，字止庵。据云种植之事，大要有十：一曰下种，二曰分插，三曰接换，四曰移植，五曰修补，六曰保护，七曰催养，八曰却虫，九曰贮土，十曰浇灌。依法试之，罔有不效。嘉蔬美果，实叨其惠。因述为老圃良言，以告世之从事灌园者。

天工开物三卷

（旧刊本）

明分宜教谕宋应星撰。案：此书上卷为乃粒第一，乃服第二，彰施第三，粹精第四，作咸第五，甘嗜第六；中卷为陶埏第七，冶铸第八，舟车第九，锤锻第十，燔石第十一，膏液第十二，杀青第十三；下卷为五金第十四，佳兵第十五，丹青第十六，曲蘖第十七，珠玉第十八。盖皆应星所分配，取《周易·系辞》，开务成物之意。曰天工者，犹云此皆上天之工作，非人力所能施，天即自然而然，不假造作之意。孟子所谓“天视自我民视，天听自我民听。”“莫之为而为者，天也”之微义欤。

种树书全一卷

（农学丛刻本）

明钱塘都汴子京订。案：此与前《夷门广牍》本之种树书三卷者，文字或异，文义实同。如“以砖石放李树，岐枝多结子”，《夷门广牍》三卷本作“结实”。“下茄瓜、天覆子、薏苡、诸般花草”，《夷门广牍》三卷本作“诸般花子”。“扦杨柳、木香、长春、佛见笑、蔷薇、石榴、栀子”，《夷门广牍》三卷本“扦”作“戳”。“种树木宜上旬”，《夷门广牍》三卷本作“杂树木宜上旬”。“木绵花、苦荬、山药、冬瓜接诸般花果宜三十日”，《夷门广牍》三卷本“接诸般花果”作“接诸般花果树”。“宜三十日”，《夷门广牍》三卷本在“木绵花、苦荬、山药、冬瓜”等语下，移“诸般花果树”已上。“凡种时并忌南风火日”，《夷门广牍》三卷本“凡种时”

作“凡种莳”，“并忌南风火下”无“日”字。均不如此书之简当。故此书改三卷为一卷，题曰订者，殆即订正之意。《礼记》《礼器》所谓“礼有以少为贵者”欤！

种树书三卷

（夷门广牍本）

唐郭橐驼著，明周履靖校。案：唐《柳子厚文集》，有种树《郭橐驼传》。据云：郭橐驼不知始何名？病偻，隆然伏行，有类橐驼者，故乡人号之。橐驼闻之曰：“甚善”，名我固当”。因舍其名，亦自谓橐驼云。其乡曰丰荣乡，在长安西。驼业种树，凡长安豪富人，为观游及卖果者，皆争迎取养。视驼所种树，或移徙无不活，且硕茂，早实以蕃。他植者虽窥伺效慕，莫能如也。有问之，对曰：橐驼非能使木寿且孳也，能顺木之天，以叙其性焉尔。凡植本之性，其本欲舒，其培欲平，其土欲故，其筑欲密。既然已，勿动勿虑，去不复顾。其莳也若子，其置也若弃，则其天者全，而其性得矣。故吾不害其长而已，非有能硕茂之也。不抑耗其实而已，非有能早而蕃之也。他植者则不然，根拳而土易，其培之也，若不过焉，则不及。苟有能反是者，则又爱之太恩，忧之太勤。旦视而暮抚，已去而复顾。甚者爪其肤以验其生枯，摇其本以观其疏密，而木之性日以难矣。虽曰爱之，其实害之。虽曰忧之，其实仇之。故不我若也，吾又何能为哉？”问者曰：“以子之道，移之官理，可乎？”驼曰：“我知种树而已，理非吾业也。然吾居乡，见长人者好烦其令。若甚怜焉，而卒以祸。”旦暮吏来而呼曰：“官命促而耕，勖而植，督而获。早缫而绪，早织而缕。字而幼孩，遂而鸡豚。鸣鼓而聚之，击木而召之。吾小人饔飧以劳吏者，且不得暇，又何以蕃吾生而安吾性耶？故病且怠，若是则与吾业者，其亦有类乎？”问者嘻曰：“不无善夫！吾问养树，得养人术，传其事以为官戒也。”

以上文见《柳子厚集》，此《种树书》即依托其文，衍为书三卷。上卷言种树木、瓜果、蔬菜等类，中卷言种豆、麦及种竹等类，下卷言种花果等类。每卷首，并有“九焦在某，天火在某，地火在某”等语。此书题曰：《种树书》，即题曰：唐郭橐驼著，并附“明周履靖校”。盖伪书也。明人好作伪，如《申培诗说》《子贡诗传》等类皆是，托为古书，古实无此书名也。《种树书》殆即周履靖所编，而退居于校欤。

中华民国二十五年，固安高润生菉坡甫谨校正。

花佣月令一卷

（传砚斋丛书本）

清江都徐石麒撰，仪征吴丙湘校刊。案：石麒，字又陵，号坦庵。自称花佣，盖以为花佣工之人自居也。此书之首，载有其乡人焦循序。谓其书以十二月为经，以移植、分栽、下种、过接、杆压、滋培、修整、收藏、防忌，九事为之纬。盖其逸居湖上，岁以养花种树为乐。举所试而验者，笔之于楮也。昔子路使子羔为费宰，孔子曰：“贼人之子”。盖不知治人之道，则刑固伤之，恩亦伤之。犹种树者，不知治树之道，则栽培剪伐，皆无当也。柳宗元作《郭橐驼传》，以为官戒。吾于坦庵之书亦然云。盖养花种树之法，胥括于此一卷中矣。

农圃四书四卷

（农学丛刻本）

明钟名臣鼎扬氏撰。其书分稻品、蚕经、养鱼经、艺菊书，四类。稻类分二十七种，蚕类分九事，养鱼分三法，艺菊分六法，皆农圃中所从事，故名曰农圃四书。圃者农之副业，农必兼圃，而农事始备，《诗·豳风》可证也，故圃学亦统曰农学。名为四书，实一书也。入之丛刻，即合刻也。樊迟请学稼，孔子曰："吾不如老农。"请学为圃，孔子曰："吾不如老圃。"此可见农圃亦非不学而可能之事。故四民以农次于士，盖非知农之实事，无以补士之空言。亦非托士之空言，不能传农之实事也。故士以农为副业，农即以圃为副业。此农圃四书之所以可宝贵，而不可不读之书。在民国尤不可忽欤。

木棉谱

（艺海珠尘本）

清褚华撰，吴省兰辑，吴祖泰校。案：褚华，字秋岳，号文洲。江苏上海人，诸生。吴省兰，字泉之。吴祖泰，字裕传。《尚书·禹贡》云：岛夷卉服。孔安国传曰：南海岛夷，草服葛越。孔颖达疏曰：葛越，南方布名，用葛为之。蔡沈集传曰：岛夷，东南海岛之夷。卉，草也。葛越，木棉之属。织贝，锦名，织为贝文。《诗》曰"贝锦"是也。今南夷木棉之精好者，亦谓之吉贝。海岛之夷，以卉服来贡。而织贝之精者，则入篚焉。蔡说止此。

此《木棉谱》释木棉品类极详，自浸子至采棉车轧、轧出棉子也。弓弹，弹其花使之松动活软也。靡不具备，洵可称委曲详尽矣。

筑围说一卷

（娄东杂著本）

明陈瑚撰，邵廷烈校。案：陈瑚，字确庵。邵廷烈，字子显。

据此书云：善治水者，必先治田。善治田者，必先治岸。有一丈之岸，则障一丈之水。有一尺之岸，则障一尺之水。盖低乡之河，容受众流。较田反高，若非四围筑堤，则荡然巨浸，不可复田。故古人治低田之法，大约岸高二丈，低亦不下一丈。大水之年，江河之水，虽泛滥衍溢，而堤尚高出于塘浦之外，则水不能入于民田。民田既不容水，则塘浦之水，高于三江。三江之水，高于大海，不烦排决，而水自湍流。此低田之赖圩岸，甚于都邑之赖城郭也。旱则开河，水则筑堤，所谓因势利导，甚便之举也。田主出财，佃户出力，所谓同舟共济，不易之分也。村岸无修筑之期，村田无成熟之望。不将使数百年之沃壤，竟为夸池薮泽而已耶。愚于其中，田无寸壤，然目击心伤。窃同村中二三友人，私行勘丈，画为图式，并条列事宜，仰冀仁人君子之采择焉。此后列举筑围事宜，委曲详尽，具见本书，兹不复赘。

野蔌品一卷

（广百川学海本）

明高濂辑，屠本畯校阅。案：此书所录蔌品，共九十六种。据云：凡欲食此野菜品者，须要采洗洁净，仍看叶背心科小虫，不令误食。先办料头，每醋一大酒钟，入甘草末三分，白糖霜一钱，麻油半盏和起，作拌菜料头。或加捣姜些少，又是一制。凡花菜采来洗净，滚汤焯起，速入水漂一时，然后取起榨干，拌料供食。其色青翠，不变如生，且又脆嫩不烂，更多风味。家菜亦如此法，他若炙煿作齑，不在此制云云。

查明徐光启《农政全书》，荒政后附王磐西楼氏之《野菜谱》一卷，与此书用意正同。磐书仅六十余种，此书更多出三十余种。盖饥荒年之尤可宝贵者矣！

田家五行二卷附一卷

（农学丛刻本）

明张师说撰，附《五行拾遗》及《纪历撮要》，都城订。《东方朔探春历记》，沈来聘订。案：张师说，字九生。都城，字维翰。沈来聘，字以珍。皆钱塘人。

此书均言田家占验事，故名曰五行。其书上卷，记一年十二月节气，及天文地理类。下卷记草木、鸟兽、鳞鱼，及三旬、六甲、气候、涓吉、祥瑞类，要皆占验事也。盖老农之阅历经验，亦非荒渺无稽矣。

看花杂咏一卷

（小石山房本）

清归庄撰。案：归庄，字元恭，昆山人。其杂咏为：昆山看梅，七绝十八首。花市买水仙、兰花置舟中，口占七绝二首。入邓尉山，五言排律一首。游铜井，访李秋孙于山斋，葛瑞五、徐昭法同集，山斋对雨，山中看梅，观梅宿灵岩禅院，七律五首。嫩梅，七绝二首。桃花，七绝二首。西府海棠，七绝一首。觅山茶花，口占七绝二首。

饮于张子石丈，和寻花韵，七律一首。牡丹三咏，七绝二首。大桃红，七绝一首。寓海滨朱氏，卧室之前后左右，皆牡丹花，题七绝一首。严颢亭、黄门荷亭谯集，五律一首。学山园赏紫藤，七绝一首。虎邱三官殿观玉兰，五律一首。同诣陆鸿逸郊园看牡丹，七律一首。东行寻牡丹舟中作，七律一首、七绝二首。自嘉定至海滨寻牡丹，七绝一首。严伯俊邀泛湖观荷，七律三首。陈集生邀往郊外访桂，五律一首。同李秋孙访桂，七律一首。同李秋孙、徐鹤心、叶九来茧园看桂，七律一首。重九前二日，自昆山发舟至九峰，途中作，五言排律一首。重九前一日，至细林山，访诸乾一，知其在陆氏园赏桂，扁舟就之，共酌花下，还宿细林，五言排律一首。登横云山，五言排律一首。曹秋岳司农，招集倦圃赏桂，同徐兰生、姜西铭、薛楚玉、俞右吉、朱子葆、子蓉，及金校书文璧，五言排律一首。朱氏园看桂，七言排律一首。东行寻古桂，舟中作，七律一首。咏瓶中桂，七律一首。寻菊槎溪，访张子石丈，七绝一首。宿白鹤寺惺公房，七绝一首。客中述怀，七律一首。于石自城驰归，复邀饮席上，叠前韵一首。归舟，再叠前韵一首。张子美斋中赏菊，七律一首。饮翁氏菊花下，七律二首。残菊，七绝一首。众芳，五言排律一首。庭中葵，五言排律一首。夜起玩瓶中诸花，口占七绝一首。冬日偕九来纵步寻天竹、腊梅，还过其斋，小酌即事，七律一首。九来见和看花诗，再叠前韵寄之，七律一首。寒夜独酌，九来复和前诗，叩门见贻，再叠元韵奉柬，七律二首。天烛，五律一首。赠种花叟，七律一首。计共诗七十七首。

绝律、排律，体例各殊，故总名杂咏。犹云杂乱咏之，并无定例，如无韵文之名杂说也。惟其有韵，故名曰咏。惟其无例，故名曰杂。盖随所见而咏之，即随所咏而录之，因以杂乱无章，寓自谦之意。此看花杂咏，命名之微意欤。

御制耕织图

（康熙年刻本）

案：《耕识图》，系清圣祖仁皇帝玄烨，于康熙三十五年撰。是年春二月社日，亲题并书。以颁示子孙、群臣，俾知粒食维艰，授衣匪易，至盛事也。据自序云：古人有言“衣帛当思织女之寒，食粟当念农夫之苦。”朕倦倦于此，至深且切。爰绘耕织图，各二十三幅。每幅制诗一章，以吟咏其勤苦，而书之于图。自始事迄终事，农人胼手胝足之劳，蚕女蚕丝机杼之瘁，咸备极其情状。复命镂版流传，用以示子孙、臣庶云云等语。

盖有清一代重农之典，胥昉于此书矣。

马首农言一卷

（咸丰五年刻本）

清祁寯藻撰。案：此书目录，曰地势、气候，曰种植，曰农器，曰农谚，曰占验，曰方言，曰五谷病，曰粮价、物价，曰水利，曰畜牧，曰备荒，曰祠祀，曰织事，曰杂说，凡十四篇，后附王菉友校勘记。据长洲彭蕴章序云：寿阳踞太行之项，环山为邑。其气候特寒，谷雨播种，秋分陨霜。淳甫相国，居邑之平舒村，民风淳朴，比户勤农。人无猗顿之资，家有山枢之俭。上自鲐背，下至垂髫，莫不以占晴雨，力辨耘，为治生之务。此《农言》一书，所由作也。其自序又云：农家者言，质而不文。因时度地，各述所闻，耳目既习，征验亦久。烦言碎辞，以笔代口。古马首邑，今曰寿阳。先畴世服，诒自黄羊云云。

盖农言之近俗，而最便于实行者，莫此书若矣，故特表而出之。

钦定授衣广训

（喜咏轩本）

清董诰等奉敕撰。案：此书分上下二卷。上卷为布种、灌溉、耘畦、摘尖、采棉、拣晒、收贩、轧核。下卷为弹花、拘节、纺线、挽经、布浆、上机、织布、练染。棉古字作緜，为凡纯密者之通称。今隶从木，以别于丝，而其名乃有专属。载籍名曰“吉贝”，亦曰“古贝”。《尚书》“扬州厥篚织贝”，蔡传谓“即吉贝，木棉之精好者也”。盖自周官典妇功之职，既丝枲并掌，又别设典枲，掌布丝缕紵之麻草之物。明其为类众多，所治非一务也，而笺疏者胥略焉。迄于唐而木棉多见歌咏，然大抵言树高寻丈者耳。此木本之棉，乃真木棉也。今人但呼庳枝弱茎，花如葵而实似桃，春种秋敛者为棉。此草本之棉，非古所谓棉也。而棉字从木之本义失矣。

又此书为清乾隆年间，直隶总督方观承进呈，书与图皆出观承之手。嘉庆年间，大学士董诰，为文颖馆总裁，奉旨交该馆辑为一书，命名《授衣广训》，故书即题董诰撰也。然则此书实方观承所撰，董诰特冒其名耳，非真董诰手撰此书也。故兹亦特表而出之，且此书本题“董诰等奉敕撰”，删去“等奉敕”三字，更为失真中之尤失其真者矣。

寻花日记二卷

（小石山房本）

清归庄玄恭氏撰。案：此书分上下二卷。其上卷后书曰：是游也，花则因梅而及杏、樱桃、山茶、玉兰、桃、李，山则自虎丘、邓尉、玄墓，以及天平、华山，其余小山，不可胜记。所主同游，往往皆骚客酒人，道流名僧，无一俗士，亦穷愁中一快事也。所微不足者，酒有限，又不甚佳。诗有唱而无和，为未尽游观之兴，然亦可谓不负湖山花木矣。其下卷则为《看牡丹记》，其后书曰：穷儒看花，景象如此，然意兴则不灭也。且必待富贵之具，而后恣其游赏。岂可得哉？吾以为三州县三十余家者，其花石楼台之胜，服玩之珍奇，歌舞之妙丽，洵不可及矣。乃若胸怀无累，行止自由，恐未有如余者也。兹游不可以不记，虽然，窃恐中州西川人见之，笑我为井底蛙、夏虫也。《寻菊记》则曰：余于花无不爱，菊则寒姿晚香，尤与幽人节士为宜。明日，闻北门外陆氏多菊，不惮远步过之，主人不在，而馆师则昆山人也。延堂前后庭遍观，烂然悦目，约计且三百本。悉辨其种，得六十有四。是日汪氏亦送花谱来，计八十种。顾今陆汪两家之花，与古今谱种，名多不同，又何也？今就两家之谱，具列于左，因取汪氏、陆氏俱有者，自金红松子、银红松子，至洞宾袍、秋牡丹，共四十七种。汪氏所有者，自紫松子至麦粟，共三十二种。陆氏所有者，自大红球至黄木香，共二十七种，并列于册。其后跋复云：元恭今年饱看牡丹、菊花，记其游最详。并题看牡丹诗云："乱离时逐繁华事，贫贱人看富贵花。"此二语，可括纪游十数纸矣。又诗语凝炼，谨并记之。

泽农要录六卷

（畿辅河道水利丛书）

清吴邦庆撰。案：邦庆，为清顺天府霸州人。霸州即今河北省霸县。

据此书邦庆序曰：余家世农，未通籍时，颇留心耕稼之事。客岁，以假旋里。松楸附近，缘连年积水，颇有艺治稻畦者。间询其种艺之方，则有与诸书合者，或取诸书所载。而彼未备者，以乡语告之。彼则跃然试之，辄有效，始知古人不我欺。而农家者流诸书，为可宝贵。方今圣天子轸念郊圻，叠遭水患。饬谕直省大吏，疏浚河道。并将兴修水利，沮洳之区，行将变为稻乡。但北人艺稻者少，种植收获之方，终多简略。余因取《齐民要术》《农桑辑要》及王桢《农书》、徐光启《农政全书》中，有关于垦水田、艺秔稻诸法，皆详载之。又恭读《钦定授时通考》，内载列圣题耕图诗，节次详尽。于水耕火耨者，大有裨助。敬录诸卷首，厘为十门，订为六卷，颜之曰《泽农要录》。留心斯事者，得是书而考之。暇时与二三父老，课晴问雨之余，详为演说。较诸召募农师，其收效未必不较捷。而于古士农合一之制，亦籍以少存余意云云。

书中言授时第一，田制第二，辨种第三，耕垦第四，树艺第五，耘耔第六，培壅第七，灌溉第八，用水第九，收获第十，统名曰《泽农要录》。盖以北人高原之田，收南人泽国之利，其纲要具备于此书矣，录入畿辅河道水利丛书。此吴邦庆所以为北方开垦稻田之鼻祖也欤。

又书中并录清圣祖、世宗、高宗、仁宗，各吟咏诗词。亦深足引起务农者之兴趣，而读之益无怠无荒。以仰企古无不学之农，亦少不农之士，农与士庶不复判若二途也矣。

农说一卷

（二十二子全书本）

明马一龙撰。案此书序云：孟河子曰“力田养母”，此吾今日第一义。家贫亲老，屡疏乞恩侍养。归而无所取备，以供甘旨。上负吾君，下负吾母，皇皇然不能一朝宁处也。昔吾有先君大艰，外兄史玉阳氏，及二扬子，怜吾贫，助之金百余。不足，复继之粟。乃与田老，讲求资身充养之计，作《农说》一章。以示佣人，逐条更为详说。好事者多来索书，因命工刻版，布诸乡人之有志于农者。书中详言阴阳水火之所以生，所以成。下及薙草之方，耒耜之利，纤悉毕具。洵农家不可不读之书也，名曰《农说》，殆即取明白如话之意也欤。

农书一卷

（昭代丛书本）

清张履祥撰。案：履祥，字考夫，一字念芝。桐乡人，居桐乡之杨园村，故世称杨园先生。

据清人李元度次青氏，编入《先正事略》名儒篇。谓先生九岁丧父，母夫人训之成立。尝中酒，母责之曰“孔孟亦是两家无父儿，止为肯学好人，便成大圣大贤，尔勿自弃也。”年十五补诸生，读《小学近思录》有得，作《愿学记》。渡江而东，拜刘念台先生门下。闻甲申三月之变，缟素不食。携书簏，步归杨园，益肆力程朱之书。平居虽盛暑，方巾深衣，端拱若泥塑。或舟行百里，坐不少欹。晚年写《寒风伫立图》，自题以见志。尝云：“三代以上，折衷于孔孟。三代以下，折衷于程朱”。又曰：“学者舍稼穑别无治生之道，能稼穑则无求于人。而廉耻立，礼让兴，而世道可以复古矣”。故其所补农书，皆得诸身试者云云。《先正事略》语止此。

此书分上下二卷。上卷为涟川沈氏原本，下卷为履祥补著。吴江沈楙惠跋语，谓先生之劳筋力于畎亩，非乐为细民之事，而其偶托于笔墨，亦务在有益于人。盖此书之定评也。

农具记一卷

（檀几丛书本）

清陈玉瑾撰。案：玉瑾，字椒峰，昆陵人。此书为其课奴子耕田，所见农具凡若干。询之老农，又考之古昔所称。图书所载，有合有不合，有名异而实同，有名实俱异，而所用亦殊者，因为文记之以备考。此本系武林王晫丹麓辑，天都张潮山来校。记中言犁之事、牛之事、耕之事、灌之事，并言布种之器、收获之器、作场之器、治谷之器。原评谓其文字，有经有纬，虽极考核、极典古、极长极奥，使人读之，自有线路可寻。又云：于琐屑处见奇古，于粗俗处见精详。是注《尔雅》之才，记考工之法。以上皆原注语。非溢美也，因并记之。

农丹一卷

（藕香零拾本）

清张标撰。案：标，江都人。顺治年进士，工部虞衡司主事。据此书标自序云：古者户有田，家自耕，人人农也。今则富者连阡陌，贫者至无立锥。又疑力田未必逢年，相与弃本逐末。必材智最驽下，资身绝无策者，始甘心为人佣耕而不辞。此辈名虽为农，实则大姓之奴隶也。其视主田，无异传舍，卤莽从事。不惟农之人亡，农之理尽亡矣！故有田者不习耕，而耕者悉无田。顾名核实，今天下正患无一农耳，以余所订诸先正农说。

大约治田一亩，足食三人，最宜小户贫家。贩夫贩妇，移其微赀，无不可为。治田与治杂业不同。杂业独男子任之，余则坐食耳。治田男妇老幼，俱可合作。又水草涂粪，咸天地自然之利。不比他业，动须钱买。种田愈少，其事弥精，其获弥厚。此务农之利，收于富人者恒薄，而在于小户贫家，独数倍而莫算也。士君子居父母之邦，有志移风易俗，躬治数亩，为闾并倡。岁时复为社会，讲说其义。同侪则观摩易生，乡利则趋赴便捷。俾展转相效，一乡以及一邑，一邑以及他方，家给人足，盗贼不生，风日醇厚。我亦优游桑梓，不失为太平之人。以此励志，则高士之风也。以此养亲供赋，则忠臣孝子之行也。识此意者，定不揶揄予言云云。

此后为天时篇第一，地利上篇第二，地利下篇第三，亲田篇第四，养种上篇第五，养种下篇第六，粪壤篇第七，人事篇第八，辨谷篇第九，占验篇第十，统名《农丹》。

盖以此为农家之丹宝，凡物精华萃聚之点，皆谓之丹。丹者，并穴中所生之宝也。人所练者，必九转乃成。精灵物所炼之丹，必向月吞吐，亦炼法也。或为人攫取吞之，亦必仙去。推之牛黄狗宝，亦皆丹之类也。故医药之丹，即以为少见而可贵之总名。乃农家大可宝贵之书。读者幸勿以其近而忽之也。

钦定授时通考七十八卷

（乾隆七年武英殿奉敕刊本）

清鄂尔泰等奉敕撰。案：此书目录，分天时、春夏秋冬之类。土宜、田制、水利之类。谷种、稻、粱、黍、稷之类。功作、垦耕、耘耔、收获之类。劝课、诏令、章奏、祈报之类。蓄聚、常平社仓、义仓之类。农余、蔬果、杂植、畜牧之类。蚕桑，浴种、饲养、分箔、入簇、择茧、缫丝、织染之类。计共八门。系鄂尔泰、张廷玉总裁编定，故题曰鄂尔泰等奉敕撰也。此书称钦定所由来，与董诰之《钦定授衣广训》，义旨并同。其纂修，则出吏部左侍郎蒋溥，户部左侍郎梁诗正等之手，尤与鄂尔泰等无涉矣。然则鄂尔泰等，亦特冒其名。与董诰之冒名《钦定授衣广训》正同。蒋溥、梁诗正等，又实与方观承之手撰正同也。盖钦定各书之体例类如此，其主名固不必求真矣。

蚕桑实济六卷

（津河广仁堂刻本）

树桑捷验，卷一。案：卷一目录，为水深土厚、高寒之处，宜树桑说；地卑水浅处，甚宜树桑说；河决水淹之地，急宜树桑说；家宅坟园，宜树桑说。种桑秧、接桑种、修桑条、培桑土、去桑虫。种桑子法、盘桑条法、压条分桑法、栽树桑法、栽地桑法、散种地桑法、移载小桑法、修科树法，又科树法、接桑法。又案：此书目录凡六，皆广仁堂所闻于邑诸生刘君辅庭者。辅庭业蚕最久，故能举身所阅历之事，确凿言之。此外虽偶有增益，亦皆经验良方。广仁堂固未敢以私意妄参，致有空谈而无实效也。

育蚕预备，卷二。案：卷二目录，为预收蚕食，预收簇科，预收蓐草，预收火料，预置火具，预织稿荐，预制桑剪，预制叶刀，预编叶筐，预编蚕筐，预织叶筛，预织蚕筛，预造蚕架，预织箔曲，预造蚕槌，预造蚕椽，预编蚕盘，预造蚕杓，预造蚕匙，预织蚕网，预养蚕猫，预制蒸笼，预造丝车，预造丝軖，预筑蚕室。

育蚕切忌，卷三。案：卷三目录，为忌寒冷，忌骤寒骤热，忌西南风，忌仓卒开门，忌食湿叶及干枯叶，忌食雾叶，忌食气水叶，忌食黄沙叶，忌食肥叶，忌喂叶失时，忌沙燠不除，忌高抛远掷，忌秽气，忌香气，忌灯油，忌面生人。

育蚕急务，卷四。案：卷四目录，为立蚕母，祭先蚕，论蚕，择种下子法，养种蚕，洒蚕种，浴蚕种法，腌种，养蚕总要，初蚕下蚁法，劈蚁法，裹种附，窝种附，子转附，抱头，收蚕附，蚕初生名蜗儿。喂蚕附，体蚕，头眠饲法，停眠饲法，大眠饲法，上簇法，饲四起四眠蚕，摘茧法，蒸茧法，剥茧，分茧，缫丝法，缫水丝法，缫火丝法，谢蚕神说。

蚕桑杂附，卷五。案：卷五目录，为绵茧蒸法、纺法，脚踏纺车，种柘法，养热蚕法，养槲蚕法，种木绵法。

蚕桑补遗，卷六。案：卷六目录，为蚁叶核计，按时捕虫，编蒌贮叶，糁叶除湿，造制槢架，购买抬网，体刮须知，对时饲叶，临眠取齐，量蚁备簇，择茧防误，火炕收茧。

此书凡六卷，目录凡一百零七件，广仁堂并收之。亦可谓极繁琐，而实极切要之丛刻矣。

蚕桑简篇

（青照堂丛书本次篇）

清杨名飏撰。案：名扬系滇南人。此书作于道光己丑年季夏既望，汉中府官廨中。序称“汉南俗勤耕耨，山头地角，皆种杂粮，亦既不留旷土矣。惟务稼穑者多，而务蚕桑者少。境内原出缣绸，养蚕织纺之法，固不待教而知也。只以树桑不多，因而树桑有限。每桑一株，约采叶三四十斤。有桑五株，可育一斤丝之蚕。每地一亩，种桑四五十株，收丝八九斤，值银十余两。若种麦谷，即收二石。丰年不过值银一两有余，且树谷必终岁勤劳，犹有催科之忧。树桑只用农隙，兼无赋税之扰。功孰难而孰易？利孰多而孰寡？必有能辨之者。则欲养蚕，盍先树桑。莫谓无地可植，路旁堤畔，尽是良畴。莫谓土性不宜，低隰高原，岂无佳荫？莫谓不习养蚕，种桑何益？试思织女岂尽天生，《蚕经》原可共读？特患未知其利，而不为耳。武侯居西蜀，有桑八百株，即谓子孙可小康。张咏治崇阳，拔茶而种桑，遂使民皆富足。惟是小民可与乐成，难与谋始。要在贤有司，乘时因地，而利导之耳。余重守汉川，亟与诸同好，讲求斯事。于汉台之麓，种桑百株，迄今无一不活。种椹一亩，已长八九尺。可见桑本易生之物。合郡已种四十余万树，足征人亦乐从。然而官令所不到，遂不自为之。固由不尽知其利，抑由不尽知其方也。健庵叶中丞，辑双峰杨氏《豳风广义》，订《桑蚕须知》一册。本极详明，而山农犹以文繁难于卒读，义深不能悉解，因节取而浅说之。兼参以兰坡明府《蚕桑宝要》，摘为简编。期于家喻户晓，以广其传而溥其利云云。

书中首作劝桑行诗一长篇，继以栽桑法则，曰：辨桑种，种桑子，种桑树，盘桑条，压桑条，接桑树，培桑土，治桑虫。养蚕法则：总说，摘要，收蚕食，收斑糠，收簇料，收蓐草，收火料，织蚕箔，筑蚕架，编叶筐，编叶筛，编蚕筛，编蚕盘，制蚕匙，编蚕网，设蚕室，避忌，择种，浴种，下蚁，劈蚁，头眠，二眠，三眠，眠后，上簇，摘茧，蒸茧，缫丝，养野蚕法，纺野茧法，种树法。

以上目录四十条，皆青照堂丛书次篇所收。亦可谓极繁琐，而实极切要之丛刻矣。

蚕事要略

（浙西村舍丛书本）

清张行孚撰。案：行孚，字子中。署曰安吉者，系清浙江湖州府安吉县，即今浙江省安吉县也。

此书自总论外，分种桑，移栽，接桑，掘桑，修桑，浴蚕种，护蚕种，蚕初生，《辑要》谓之生蚁，湖俗谓之乌儿。采桑，饲蚕总括，替蚕总括，《辑要》谓之抬蚕。换箔总括，此箔湖俗谓之团匾，以竹为之。蚕眠总括，古书皆言蚕三眠三起，今湖俗则以四眠四起为纲。其三眠三起者，止能括绵，不宜缫丝，育者甚少也。作帚头，凡蚕作茧之草帚，湖俗谓之帚头，《辑要》谓之薦。搭山棚，蚕帘枯芦所作，即书所谓曲薄也，湖俗谓之上山。著火，凡蚕初上山，须用火盆盛烈火，置山之四角及中央。加以蚕初生时之沙屎，熏之一日一夜、乃止。摘茧，凡蚕上山至四五日，顷聚人摘茧。可以缫丝者，须剥净丝外浮丝，不可缫丝者捡出拓绵。凡茧小而坚者宜缫丝，大而松者宜拓绵。缫丝，凡丝粗者，织湖绉纺绸之类。细者，织贡缎，及洋人所织诸物。细丝必小坚好茧为之。粗丝虽稍松大之茧，亦可为也。煮茧黄，将缫复遗剩之薄茧及茧上剥下之浮丝，夜间，在丝灶内煮之。至明日，将所煮之物，推去蚕蛹，打成一片，晒燥可以打绵，织之即为绵绸。拓绵，凡拓绵用稻草灰，将茧煮一夜。明日将茧取起，在清水中淘净，将茧撕开，包在手上，用手拓大。再将拓大者数个，套在竹梁上拓之。生蚕种，凡出茧种之法，侍作茧后，将蛾别捉一箔中，待其雌雄交接既已，将雌蛾捉在桑皮纸上。一纸须十余蛾，凡蛾翼飞动而色洁白者良，可用。若翼塌倒而色不洁白者不良，去之可也。又生种之时，须时刻照顾。如纸上已有种处，将蛾捉开，令其到无种处再生，免致蚕种堆积。论蚕种，食柘叶者，谓之柘蚕，亦止作绵，不能作丝。二蚕，《周礼》禁原蚕。为桑树一年数采，则滋液竭而根本伤，来年桑叶必不茂。而头蚕不能多育矣，王者禁之，为其残桑也。蚕房，蚕性最怯，凡人声喧攘，及生人冲撞，皆忌之。故育蚕之家，极宜清静。其门户须繁闭，门上须插桃枝为标识。至摘丝则不忌矣。祈报，十二月十二日，俗谓蚕生日。二月十五日，俗谓花朝。凡育蚕之家，皆祀蚕神，花朝日并祀灶。蚕神之象，以女人骑马，俗名马鸣王。盖蚕为女人之事，而又传始于西陵氏，故塑女人。蚕与马同祖，故又塑为骑马。盖想当然而为之。杂忌总括，忌食湿叶、热叶，及侧近舂捣，与诸敲击门窗，及诸声响。并忌饮酒，又及产妇，与屋内哭泣，及一切恶气。

此书收入浙西村丛书，名曰要略，盖亦极琐屑，而实极简要之丛刻矣。

区种五种五卷　附录一卷

（光绪四年刻本）

清赵梦龄辑。案：梦龄为清浙江省杭州府仁和县人，即今浙江省钱塘道仁和县人。梦龄，字菊齐，别号西湖寄生。

此书之作，始于嘉庆初年，成于道光壬寅。先后留心四十年，得如千种。其说详，其法备，其义参互而益精。所称五种，即《氾胜之遗书》《教稼书》《区田编》《加庶编》《丰豫庄本书》。书中所言事，俱详见前书，兹不复赘。盖前皆散言之，兹乃荟萃而言之。其研究盖极久，其抉择于是尤精矣。

又嘉庆庚辰仲春，济宁孙玉庭氏，谓“梦龄既以此帙示余，复将博采《诗礼注疏》《文选注》《初学记》《艺文类聚》《太平御览》诸书所引，综录以授剞劂。余雅重君之志，且信古法之可行于今也，故乐为之序云云”。盖审问、慎思、明辨，梦龄诚事不惮繁，语不厌复者矣。

丰豫庄本书

（津河广仁堂刻本）

清潘曾沂撰。案：曾沂，吴县人。

此书有柜田图，曾沂序称《农政全书》中有此法。又自称小浮山人，则曾沂之别号也。又《丰豫庄课耕会记》目七，曰深耕，曰早植，曰稀种，曰垫底，曰按实，曰去草，曰壅根。又引耿嵩阳先生种田说，曰亲田，曰养种，曰晒种，曰蓄粪，曰治旱，曰备荒。

又丰豫属佃户潘升，带同承种佃户查继昌、范三喜、张秀、王阿二，四名，遵苏州府知府示谕，至迎春所饮酒谕话，亲自给赏，以示鼓励。后又载明嘉靖时，李时珍为四川蓬溪令，念力田耕作勤劳，诸病百出，特著惠济丸。制药授民，病者无不立愈，全活甚众。详开药剂服法，并有治牛马猪羊各瘟，及瘴疫等症。各方，纤悉详尽，名曰《潘丰预庄便农药方》。皆农家极便利之良方，汇列广仁堂刻本，亦可谓极琐屑，而实极简要之丛刻矣。

捕蝗要诀

（咸丰六年七月抄本）

清直隶布政使司钱炘和撰。案：炘和为云南人，通籍后分发四川。调任直隶，守津九载。咸丰六年春，擢布政司布政使。至是年六月，即患雨多，交秋又复熯旱。永定决口，黄水横流，患旱患虫，不一而足。正深焦灼，忽于七月二十六日，申酉之间，又有飞蝗自西南而来。飞过经时？停落何方？未据州县具报，已分委确查。民瘼攸关，颇深忧惧。兹查有旧存《捕蝗要说》二十则，图说十二幅，语简意赅，实捕蝗之要诀。爰付剞劂，通行查办，俾各牧令，有所依据。仿照扑捕，或亦消患未萌，转歉为丰之一助云云。

书中捕蝗二十则，曰辨蝗之种，曰别蝗之候，曰识蝗之性，曰分蝗之形，曰买未出蝻子，曰捕初生蝻子，曰捕半大蝗蝻，曰捕长翅飞蝗，曰布围之法，曰人穿之法，曰刨坑之法，曰火攻之法，曰分别人夫，曰齐集器具，曰论斤赏钱，曰设厂收买，曰查厂必亲，曰祈祷必诚，曰勿派乡夫，曰勿伤禾稼，统名曰捕蝗要诀。

盖谓此为捕蝗最紧要之诀法也，而此抄本，遂由旧存之本，而变为新定之本。至今此书为捕蝗之要书，钱炘和亦遂为讲捕蝗之要人。而书与人遂均千古而不可没灭。于是咸丰六年，亦遂为捕蝗事，肇祖元胎，俶落权舆之定本矣。此钱炘和所以与捕蝗要诀，并传不朽也欤。

农圃六书四卷

（致富奇书本）

明周之玙撰，浦岩校。案：之玙，字玉枭。浦岩，字石隐。

此书序称“清顺治甲午阳月三日，浦岩书于宁止堂”。盖此书为陈介眉氏继儒旧本，周之玙、浦岩二人共述之，以传于世也。书中卷一目录为树艺，蔬菜、瓜豆、竹木、树果、水果、木本花、草本花、药草皆是。卷二为畜牧，蚕、鱼、牛、马、猪、鸡、鸭、鹅，蜜蜂、猫并附录于此。卷三为占候，逐月占及风雨、阴阳、星辰、河汉。卷四为称考。如《礼记》《月令》及一年二十四气七十二候，又《气候歌》等皆是也。

盖六书仍一书，四卷亦仍一卷也。此求富之良方，即致富之要术，称曰奇书，孰云不宜?

甘薯录

（赐砚堂丛书本）

明陆耀撰。案：陆耀，字清来，吴江县人。吴江古名松陵，即今江苏。

此书并注长洲顾沅湘舟校，湘舟，顾沅之字。长洲，亦江苏县名也。书中目录，为辨类、劝工、取种、藏实、制用、卫生，六事。各事并有详明办法，洵种薯之要录也。

又昭代丛书，于此书后，附陆耀之同里人沈楙德跋曰：甘薯之性，宜于沙土高地。闽广山海，多植之以当谷食，而北地则种者为罕。陆朗夫先生，朗夫，陆耀之号也。旬宣山左时，旬宣，即布政使也。辑为此录。其康济实心，概可想见，阅者勿徒作寻常谱录观也。辛丑冬日识云云。

盖种薯、食薯之法，具备于此书，宜赐砚堂丛刻之兼搜而博采之欤。

樗茧谱一册

（郑珍 莫友芝合编本）

清郑珍撰。案：此书首标“遵义郑珍纂，独山莫友芝注”。其目录，曰志惠，曰定树，曰定茧，曰蚕期，曰蚕山，曰蚕地，曰蚕树，曰蚕祥，曰蚕忌，曰蚕害，曰蚕病，曰蚕眠，曰蚕食，曰居守，曰春蚕，曰烘种，曰蛾覯，俗名配对。曰蛾卵，曰售种，曰辨筐，专谓售卵之筐。曰上树，曰秋蚕，曰薅林，薅音蒿。曰剪移，曰下茧，曰剥茧，曰茧病，曰炕茧，曰缫丝，曰缫别，曰净丝，曰道经，曰道纬，曰牵经，曰诸绸，曰绸病，曰胰绸，胰音夷。曰毛茧，曰汤茧，曰蚕筐，口径二三尺，底高尺，盖高七八寸许。曰蚕刷，以扫出筐刷之子蚕。曰蚕筅，曰蚕剪，曰响笴，笴音可，一名响篙，一名响槁。曰机竿，曰排套，曰沙撮，曰撆霹，撆音料，斜摘上也。蚕至二眠后，始可用撆霹，以前用沙撮。曰茅刷，牵经用以刷。曰种槲，曰自叙，曰书后，末并附跋语曰：道光十七年，四月既望，独山莫友芝跋云云。

今案：独山古名紫泉，属贵州黔中道。治贵阳县，与遵义同。

此莫友芝与郑珍，所以同编此谱，而并传至今也欤。

区田图说

（大亭山馆丛书本）

清杨葆彝撰。署曰阳湖者，系清江苏常州府阳湖县，即今江苏省淮扬道武进阳湖县也。

此书据葆彝云：自古四民之于天下，盖有消长之机。三代而上，舜禹躬耕，可谓农天下。汉代以降，射策甲科，则为士天下。自泰西通中国，竞效机巧，直谓之工天下。今也举世重利轻义，搢绅而甘为贾竖之行，得不谓之商天下耶。嗟乎！人不务本而逐末，艺不贵朴而尚奇。斫削造化，迁流胡底，可大惧也！往者晋豫奇荒，赤地千里，惜无以区田之法，从而效之者。余刊是编，简而易行，冀有心人广为劝导。安在井田之制，不可复见于今。剥复循环，或将转而为农天下也云云。

大亭山馆刊布于丛书本，此杨葆彝之功能，所以永传于不朽也欤。

柞蚕简法补遗一卷　附图说十二条

（安徽劝业道署编印）

清童祥熊撰。案：祥熊为安徽劝业道。据此书序，谓“余既刊《柞蚕简法》一书，复派刘毅山大令，至河南鲁山，详为调查。以其目所经验，开具节略，内烘蛾、烘蚁诸法，有为前编所未详者，亦有稍异者，乃复嘱徐澄园大令，依条编次之，附之以图，为《柞蚕简法补遗》。刊印传布，以资倡导。查近年柞蚕发达，以河南、山东为最。两省地气不同，故其育法，亦稍有异。皖省温度，与河南适等。试育者因地制宜，当以所得于鲁山诸法，为传习之要素云云”。

又此书种柞法、育蚕法，为总务科长蒋汝正校阅，农务科长徐澜编辑，后有图说。据云，野蚕产于登莱，莱有檿丝之贡，苏氏遂以东莱之山茧当之。而后儒多沿其误，近人诗文集杂著中，则或误以为橒茧，或误以为柘茧。此皆不知其所出之树也。其知者，则又柞与栎莫辨，枫与槲不分。良以野蚕之推行未广，在作者既未目睹，而流俗之传闻，言人人殊，其胶葛固无足异。南皮张孝达尚书《书目答问》中，有刘祖震《橡茧图说》二卷。今物色之不获，因仿其意，绘为图，而系以说。共计蛾图一，蚕图一，茧图一，树图九。虽形似粗具，而物类分明，不至混淆。或亦多识之一助也。总计此书为宣统二年编印，至今已二十余年，在民国亦可永垂于无尽也矣。

蚕桑说一卷

（太平县署排印本）

民国黄某撰。案：黄某为安徽省太平县县长，与本县人赵敬如，同编此书。书成，发给民间，领去阅看。如乡民不识字，则请识字人，为之讲解。即已不饲蚕，而桑叶亦可售卖，获利亦丰。且妇女为之，更可习勤而警惰。自辨桑种，至开设茧行，收买蚕茧，凡四十一条。委曲详尽，亦洵可称讲解蚕桑之善本矣。

总计此书出示之期，为光绪二十二年，至今已三十余年。此说殆与民国，同垂于无尽也矣。

广东蚕桑谱二卷

（奇和堂药局本）

清陈启沅撰。案：启沅，字芷馨。此书为其子陈锦篔，字竹君，绘图并校。卷一目录，曰蚕桑总论，曰练种法，曰论放蛾泡水要法，曰养蚕赞育篇。卷二目录，曰论缫丝法，附缫丝图。曰头造宜忌篇，曰第二造宜忌篇，曰第三造宜忌篇，曰第四造宜忌篇，曰第五造宜忌篇，曰第六造宜忌篇，曰寒造宜忌篇，曰种桑宜忌篇，曰蚕桑谱。后据自序，为光绪二十三年，仲春之月，至今已四十余年。奇和堂本，亦可永垂于无尽也矣。

蚕桑简明辑说一卷　补遗附图一卷

（钱塘黄氏原本）

清黄世本撰。案：世本为浙江省杭州府钱塘县人。民国删府，只留县名。此书序谓“浙西余桑梓乡，蚕事向所熟闻，夙夜思维，欲与吾民共习之，而家喻户晓，未得其术。适见澄江吴君孔彰所著《蚕桑捷效书》。一再披览，说甚周详。因复广事咨询，旁加搜采，区分门类，汇为成编。倥偬授梓，未遑润色。而栽种之法，哺养之程，无不备焉。纂次既毕，以简明辑说名其篇云云。时光绪八年，岁在壬午暮春既望，钱塘黄世本叙”。

光绪十四年冬，书局重刊，至今盖已四十余年。总计此书目录，自种桑说，至补遗目次，凡三十三条。亦可谓永垂无尽之善本也矣。

农家谚

（说郛丛书本）

后汉崔寔撰。案：寔为崔骃之孙，崔瑗之子，字子真，涿郡安平人也。一名台，字元始。少沉静，好典籍。父卒，隐居墓侧。服竟，三公并辟，皆不就。桓帝初，召公卿郡国，举至孝独行之士。寔以郡举，征诣公车，病不对策，除为郎。明于政体，吏才有余。论当世便事数十条，名曰政论。指切时要，辨而确，当世称之。

此书盖其言农事之作，谚者，案《广韵》去声三十三线曰：俗言。《尚书·无逸篇》《孔氏传》曰："俚语曰谚"。《说郛》采入丛书本中，亦通俗书极简要之善本矣。

柞蚕汇志一卷

（浙江官纸局账本）

清增韫撰。案：增韫于宣统元年，为浙江巡抚。檄调其前在东省之同官，董季友来浙为劝业道。季友乃以韫前所作之柞蚕杂志，设场试验。成效昭然，遂搜采群说，辑《柞蚕汇志》一书。以民间固有之利，俯拾即是。其成功也速，其收效也巨。天利之兴，其在兹乎。至培树饲蚕诸法，具载志中，不复覼缕云云，盖纪实也。

此书成于宣统元年冬十一月，为浙江试署劝业道董元亮序。宣统二年，官纸局乃雕版印行，计至今已几三十年矣。总计柞树栽培法十六则，春蚕饲养育法九则，秋蚕饲育法九则，护茧法四则，缫丝法四则。增韫之发明柞蚕之利，殆与民国同不朽矣。

渔具咏一卷

（说郛丛书本）

唐陆龟蒙撰。案：龟蒙，字鲁望，长兴人。寓居松江甫里，自号江湖散人、天随子、甫里先生。以高士召，不至。与颜荛、皮日休、罗隐、吴融为益友。著《吴兴宝录》四十卷，《松陵集》十卷，《笠泽丛书》三卷。自比涪翁渔父，江上文人。所居前后皆树杞菊，以供杯案。或言好事之家曰“欲击鲜以饱君，君独闭关空腹，何自苦若此？”龟蒙笑曰：“我数年来，忍饥诵经，岂不知屠沽儿有酒食耶？”门有巨石，乃远祖绩，为郁林守。罢归无装，取石以重其船者，人称其廉，号“郁林石”云云。

盖龟蒙以浮家泛宅，逐水而居。此《渔具咏》，乃择渔具之适用者，为十五题：曰网，曰罩，曰罛，女减反。曰钓筒，曰钓车，曰鱼梁，曰叉鱼，曰射鱼，曰鸣根，曰滬，吴人今谓之簖。曰簪，吴人今谓之丛。曰种鱼，曰药鱼，曰舴艋，曰笭箵。又和添渔具五篇，曰渔庵，曰钓矶，曰蓑衣，曰箬笠，曰背篷，而渔具之适用者，备于此矣。《说郛》丛书并录之，亦大足为渔具备考之善本也矣。

蚕桑简要录

（南溪官舍刊本）

清饶敦秩撰。案：敦秩，为东湖人。即湖北宜昌县，今删府只留县名。敦秩谓“南溪濒大江，土脉松燥，种桑极宜。惟民俗狃于成见，禾麦外，惟种蔗为大宗，桑利则素所未习。间有养蚕者，只知饲柘。今为破其陋习，导以良法。旁搜博采，捃摭近今蚕桑诸说，如归安姚氏之《易知录》，澄江吴氏之《捷效录》，钱塘黄氏之《简明辑说》，及蜀中卫氏之《萃编》等书，详加选择，分类汇录。语删枝叶，义取浅近。而栽培之法，喂饲之程，无不备焉。编次卒业，因以简要录名之，并志缘起于简端云云”。

时为光绪二十八年，仲冬月既望，计至今三十余年。总计种桑法则凡七条，养蚕法则凡二十一条，名曰《蚕桑简要录》。并请于省城，设总局四道，为桑秧四局，以兴蚕业而辟利源，至今永垂为令。洵无愧极简而又极要之善本也欤。钱氏并称其斋为古欢斋，亦足见其乐此而不疲矣。

治蝗全法四卷

（犹白雪斋丛书本）

清顾彦辑。案：彦，字士美，江苏省常州府金匮县人，民国属苏常道。删府名，改隶无锡，称金匮县。

此书之作，自消除蝗根，至祈祷晴雨，凡九十六条。治蝗之法，盖备尽矣，名曰治蝗全法。洵治蝗之妙术，亦即治蝗之要诀也。其所言皆切要可行。书成于咸丰丁巳首夏，距今几百年矣。至同治六年，北省亦患蝗灾。时固安高征君，廪贡生小锋先生，居县西南之渠沟镇。出其所有谷粟，散给附近村庄贫苦饥民。并开设粥厂于通衢，按日早暮施放二次，饥民赖以存活者无算。维时顺天府南路厅同知萧履中，勘灾至境，见飞蝗蔽野。其中独有一田，蝗皆绕避不入。询之乡保，知为征君行善所致。乃立入旅馆，亲书“为善获福”四大字匾额，舁送征君之门，并详叙征君行善颠末。俾悬挂于门，以为行善者劝。后其事闻于朝，由同乡高阳、李鸿藻等，具结保奏，授户部主事。

盖蝗似无知，而亦非尽无知也。天道固福善祸淫，其报应不爽也类如此。故并为志之，事详贾廷林《固安文献志》，兹不复赘。

种芋法

（说郛丛书本）

明黄省曾撰。案：省曾，为吴郡人。吴郡即苏州，民国属苏常道，改称苏县。此书言种芋事，一曰名，车谷芋，锯于芋，旁巨芋，青边芋，统名君子芋。又芋有水旱之别，旱者少，出水中者较多。二曰食忌，谓旅生有毒者也。三曰艺，艺即种也。四曰事。谓可以为充饥之食品也。名之曰芋者，许氏《说文解字》曰：大叶、实根骇人，故谓之芋也。徐锴曰："芋犹云吁，吁惊辞，故曰骇人"。又许氏《说文解字》芋篆下为莒篆，说解曰："齐谓芋为莒。此齐桓公与管仲，于台上谋伐莒。东郭牙望桓公，口开而不闭，故知所言者莒也"。盖芋与莒同音，芋之义即在音中，故《说郛》举其音，而义即并见也。

山蚕易简

（光绪甲申绩芝氏本）

清茹朝政编。案：朝政，字绩芝，贵筑人。此书为其所辑，目录凡十条，曰种树，曰检种，曰烘茧，曰下子，曰育蚁，曰收茧，曰秋蚕，曰剃山，曰卫蚕，曰缫丝。考山蚕所食之树有六，曰槲，曰栎，曰柞，曰青桐，曰橡，曰椿。譬之谷，桑蚕，稻麦也。山蚕，菽粟菰秫也。所谓山蚕，其一切刚柔燥湿，种植喂饲，与夫上箔、分茧、缫丝之次第，举不可循湖蚕之事以求，只能织贵州绸与河南绸之类，故曰易简也。

裨农最要三卷

（潼川文明堂刊印）

清陈开沚撰。案：开沚，字宛溪。家世清贫，力于农事。耕耘之暇，兼及蚕桑。历十余年，颇收其效，盖骎骎乎，称小康矣。里人相与慕之，知必非鲁莽从事者。时进而叩所以，宛溪益慨然思有以公之于人。于是举生平所心得，而行之获亩者。酌古准今，条分缕析，殚岁月之力，辑为是编。其在诗曰：“十亩之间，桑者闲闲。十亩之外，桑者泄泄。”为是诗者，岂第高蹈远引，俭德避难已哉？盖亦自食其力，以长育子孙，世世为奉公循理之良民，《伐檀》诗人之流亚也。予与陈君，生既同乡，性复相近，读其书不禁怦怦心动焉。行当辞尘离俗，呼黄犊，招白云。以树以畜，以耕以稼。使乡邻有识者曰：“此清白吏子孙”。数传而后，犹有勤耕桑者，亦云幸矣。则陈君是编，予当终身佩之，且令子若孙世宝之。时光绪丁酉孟冬，王龙勋、蛰庵甫识于潼川草堂书院云云。

总计此书目录，上卷为制蚕具法，凡三十一条；中卷为培养桑树法，凡二十六条；下卷为饲蚕缫丝法，凡五十条。然则潼川文明堂此本，亦可随民国而永垂于无尽也矣。

蚕桑图说合编

（高州富文楼藏版）

清何石安、魏默深辑。案：此书为高廉兵备道许，捐廉募人，劝以蚕事。并将蚕桑事宜，刊刻成书，分饬各府州县劝导。身先倡率，使族邻共知则效，互相劝勉。各于隙地，遍行种桑。将见三年之内，收美利于无穷。而女织男耕，亦渐归纯厚云云。此同治十年八月，高廉道许所出示也。又道光二十四年仲冬，苏藩使者，瑞昌文柱序曰：近世陈文恭公抚陕，宋仁圃廉访治黔，周芸皋太守治襄阳，均以劝兴桑蚕著绩。何况吴越接壤之地，柱藩吴以来，思所以纾吴农之困，佐其养生之资。既檄行各属，剀切示谕。复取近人所著《蚕桑切要》，及《丹徒蚕局章程》刊布。加以图说，并仿制器具，颁行所部。或曰：陈宋诸公，行诸地旷赋轻之地，非其所施于土狭人稠赋重之区，奈何舍穑事，谈桑事？答曰：正惟其土狭人稠赋重，农田所入，不足供上，乃必以桑佐穑也。语曰：种桑三年，采叶一世。《管子》曰："一年之计树谷，十年之计树木"。以之劝人，多未见信，因筑南山草堂。种桑千株，率内人躬操其事。由是桑之所出愈多，蚕之所育愈繁，石坐享其利。思以已之所得，公诸同人。因述浅说，以劝同志。道光癸卯嘉平月朔日等语。

总计此书目录，凡桑说五，蚕说十，图说十六，共三十一条。高州富文楼本，亦可随民国而永垂于无尽也矣。

野蚕录四卷

（安庆官印书馆印本）

清王元綎辑。案：元綎，为山东宁海人。

此书卷首录高宗纯皇帝圣谕，卷一为考证、杂录；卷二为野蚕名、树名、种树、育蚕；卷三为春蚕、秋蚕、缫丝、缫具；卷四为织绸、出口表、图说、外纪。又考卷二之野蚕名，曰柞蚕，曰桑蚕，即《尔雅》所谓橡桑茧，亦即《禹贡》之檿丝也。曰柘蚕，曰樗蚕，曰椒蚕，曰棘蚕，曰婆罗蚕，曰杻蚕，曰柳蚕，曰柰蚕，曰榆蚕，曰枫蚕，曰桔蚕，曰枸杞蚕，曰葵蚕，曰苦参蚕，曰茴香蚕，曰萧蚕，萧，即蒿也。共十八种，皆即元綎之所谓野蚕也。然则安庆官印书馆印本，当即《周礼》所谓原蚕也欤。

桑蚕提要二卷　附桑蚕说一卷

（瑞州府署光绪壬辰夏月重刊本）

清方大湜述，江毓昌重刊。案：大湜系湖南省巴陵县人，毓昌系江宁省上元县人。

此书以庚辰三月，刻于襄阳桑蚕局。鲁鱼丛杂，殊不耐观。会大湜迁官直隶，公于之暇，博考古今人言桑蚕书，择其简易可行，为襄阳原本之所未备者，时加纂补，乃寄京师重刻之。视原本稍有增损云云，计卷一桑政，凡二十三条，总分。论凡九十六则。自桑种起，至蚕外余利止。附录六条，共十二则。自柘起，至臭椿止。卷二蚕事凡四十条，总分。论凡一百六十则。自蚕种起，至抽线止。附录八条，共五十六则。自夏蚕起，至养山蚕春秋法止。总计目录凡三百二十四则，附江毓昌桑蚕说。据云：方菊人方伯，菊人，即方天湜之字。辑《桑蚕提要》，法极详备。惟文义稍深，篇幅较长。恐非妇孺所解，师其意作《桑蚕说》。计种桑说八则，修剪法图二，接桑法图四，饲蚕法至缫丝抽线，凡十二则。书虽浅近，而法极全备。然则瑞州府署，光绪壬辰夏月重刊本，亦可随民国而永垂于无尽也矣。

蚕桑萃编十五卷

（浙江书局刊本）

清徐树铭、裕禄奏请。案：蚕政与农工并重。

此书卷首为纶音，卷一为历代诏制，自羲皇起，至明止，共三十一代；历代劝课，自郑子产开亩树桑起，至姜彧知滨州，课民种桑止。卷二为桑政，辨土类、辨水类、论耕类、论粪类、辨桑类、辨叶类、辨畦类、祷雨类、种椹类、辨栽类、移栽类、压插类、接博类、浇灌类、培壅类、耘锄类、修剪类、护桑类、治虫类、兼种，凡二十类，共一百七十四则。卷三为蚕政，蚕始类、蚕性类、蚕室类、蚕具类、蚕料类、蚕饲类、采叶类、审候类、易器类、留子类、浴子类、生蚁类、收蚁类、育蚁类、头眠类、二眠类、三眠类、大眠类、上簇类、摘茧类，凡二十类，共一百六十三则。卷四为缫政，缫法类、缫具类、制茧类、煮丝类，凡四类，共三十八则。卷五为纺政，纺络类、纺器类、水纺类、旱纺类，凡四类，共二十四则。卷六为染政，染始类、染练类、料物类、色泽类，凡四类，共三十六则。卷七为织政，机具类、工艺类、经纬类、养樗蚕，织粗细附三则，法与细缎绸不同。缎绸类，凡四类，共二十三则。卷八为绵谱，茧余类、制绵类，凡二类，共七则。卷九为线谱，茧绒类、抽线类，凡二类，共五则。卷十为花谱，花卉类、花纹类，凡二类，共十则。卷十一为图谱，桑器图类、蚕器图类、纺织器图类，凡三类，共四十八则。卷十二图谱，为桑图咏类、蚕图咏类、纺织图咏类，凡三类，共二十八则。卷十三图谱，为豳风图咏类三则、四时图咏类十二则。卷十四为外记，泰西蚕事类，英人康发达拟整顿蚕务法，讲求蚕法，查看蚕病法，与法国蚕子收成数目，及蚕病情形，法国蚕务，英人江金往学情形。卷十五为外记，东洋蚕丝类，日本蚕务。然则浙江书局刊行本，固统中外而极完备，极详明之善本也矣。

蚕桑要言一卷

（求志斋本）

清吕子香撰。案：子香，为浙江新昌县人，署天台县训导。

此书系述其乡俗之美利，著为书以劝导天台之民。而又先购桑种数万株，教其栽培，意固良而法亦美也。使人人读而知之，法而行之。尽其地利，而杜其淫惰，化民仁俗，其用心益密矣。计种桑，育蚕目录。其种桑法要言，曰桑秧，曰土宜，曰垦地，曰种法，曰壅法，曰植草桑法，曰接法，曰植湖桑法，曰推广培壅法，曰收叶迟早，曰获利之厚。其育蚕法要言，曰选种，曰备叶，曰蚕器，曰蚕室，曰哺蚕，亦曰坞蚕，谓以蚕子包带胸腹间，如人在山坞一般，或即哺字之误读。曰担蚕，谓用鹅羽扫下也，嘉湖间谓收乌。曰烘火，曰饲蚕，曰替蚕，曰蚕眠，曰洒食，曰放食，曰叶忌，曰采叶，曰蚕忌，曰雷忌，曰蚕病，曰做山，曰上山，曰护山，曰接山，曰朗山，曰收茧，曰畜猫，曰夏蚕，曰占验。总计目录凡三十九条。求志斋本，亦可谓永垂无尽之善本也矣。

种植丛书一册

（活字印本）

清黄绍箕、刘崧英、陈寿彭等译辑。案：绍箕，字仲弢，浙江省瑞安县人，光绪庚辰科翰林。崧英，字小云，福建省侯官县人，丁酉科拔贡。寿彭，侯官县人。

是书系黄绍箕、陈寿彭等译辑。目录第一为加非考、加非即法国之加非茶也。阿芙蓉考、黔蜀种鸦片法、鸦片即阿芙蓉也。种烟叶法、植漆法、植楮法、植雁皮法、植三桠树法、家菌长养法、种印度粟法、薄荷栽培制造法、广种柏树兴利除害条陈，计共十八条。然则是书亦可谓极精细选择之善本也矣。

棉业丛书一册

（活字印本）

清陈寿彭译辑，朱祖荣撰。案：寿彭、祖荣，皆江苏省。陈，晋安县人。朱，如皋县人。

是书按总论，谓木棉与米，皆为植物。米则仅宜于亚洲，中国之人，食之者众，其功固伟。究不及木棉衣被万国，厥功尤大也。然则木棉在植物中，可推为上品第一矣。产于平地，最宜于纬线三十五度。墨洲、非洲、亚洲热带之地，生长甚易。且可种于温带之间，如欧洲、澳洲。培植得法，亦能畅茂。其种不一，有木本者，有草本者。丛书为木棉考、种棉实验说、劝种洋棉说、山东试种洋棉简法、美国种棉述要、种美棉简法、通属种棉述略，计共七条。然则陈寿彭、朱祖荣同辑之棉业丛书一册，亦可谓极精细极详明之善本也矣。

蚕桑丛书八卷　附杭州蚕学馆章程

（活字印本）

清汪曰桢撰。案：曰桢，浙江省乌程县人。

是书湖蚕述，卷一为总论、蚕具、栽桑。按总论云：蚕食头叶谓之头蚕，食二叶者谓之二蚕。食柘叶者谓之柘蚕，又名三眠蚕。卷二为浴种、滃种、腊月十二日为蚕生日，取清水一盂，向蚕室方采枯桑叶数片，浸以浴种，去其蛾溺毒气也。护种、贷钱、糊筐、收蚕、蚕禁、采桑、稍叶、饲蚕、头眠、饷食、二眠、出火、大眠、分缫、铺地。卷三为缚山棚、老蚕作茧，架棚以处之，谓之山棚。架草、上山、撤火、回山、择茧、缫丝、剥蛹。卷四为作绵、澼絮、生蛾、布子、相种、藏种、望蚕信、卖丝、纺织、赛神、二蚕、桑蚕、占验，计共目录四十条。卷五为《蚕书》，宋秦观少游撰。是书系由淮海集摘出，乃与其妻徐氏所编。其继配即苏小妹也。卷六为奥国饲蚕法。藏种、饲蚕、蚕具，计共二十三图。卷七为《饲育野蚕识略》，陈贻范译述。卷八为杭州蚕学馆章程。然则是书八卷，殆汪曰桢议辑中外之丛书，善本也欤！

耕禄稿一卷

（左氏百川学海本）

宋胡锜著，一卷二十五篇。案：胡锜，字国器，浙江省括苍县人。

是书述民以食为天，农不可惰。帝躬耕籍田，昭然示劝。寓兵于农，内修外攘。水陆转轮，移民就食。流濕就燥，凿渠润涸。百炼选精，鼓铸米粮。国家授历，无违农时。分田给土，均平盈虚。斩木为斛，民靡有争。仓廪蓄谷，视岁钦散。农事咸备，故黎元击土鼓，乐田畯云。

富强刍议八卷

（寿椿庐印本）

清杨毓辉撰。案：毓辉，字然青，广东省大埔县人。

是书八卷五类。卷一为富强总义，卷二为富强之本，内有讲求农学、种植、水利，故入农书。卷三为富强之用上，卷四为富强之用下，卷五为富强开源之法上，卷六为富强开源之法下，卷七为富强剔弊之端上，卷八为富强剔弊之端下，计共五十条。纲领条目，灿若列眉。而复先后有序，体用兼赅。采西法之所长，补中法之不逮。语语皆征经济，坐言即可起行。即读其文能开拓万古之心胸，观其手可推倒一世豪杰。以视空谈时务，而不能实筹振兴之法者，相去殆判天渊。诚中国救时之药石，富强之良规也。然则毓辉是书，诚精细完备之善本也矣。

树桑养蚕要略一册

（莲池书局刊本）

清莲池书局撰，不著人名。是书盖悉取诸蚕桑书之成语，编纂为篇。目录为栽桑、移桑、压接本桑、培壅、浇粪、及接野桑等法，计共十九条。初生蚕子、育蚁饲叶、头眠、二眠、三眠、蚕老、上山、置火盘、择茧、剥茧、缫丝等法，计共三十二条。是书成于光绪十四年，亦极简单而实极完备之本也矣。

农事私议二卷

（刊本）

是书一卷，作者佚名，清光绪庚子年刊本。一曰农官，中国周代农官甚多。设有甸师、载师、遂人、遂大夫、县正、村长、里宰、草人、稼人等官。秦汉以魏司农之职不修，今须设官以属农事。二曰垦荒，奖掖垦户，以示重农业利之意。三曰劝农，或捐款，或给奖以掖农民，则农利兴矣。四曰编纂农产志，辖境之地势，年岁之丰歉，农民之勤惰，物产之数目，品质之良否，牧畜之肥息，农器之利否，均须详为图说，以资逸益。五曰垦荒代赈，则地阔而民得食。六曰移植，因季候之寒暖，土味之肥瘠，物之适于此而不适于彼者，须以人工弥其缺，则移殖。七曰选用佳种，选用同地或异地之佳种，或以人工媒合之，其利必厚。八曰风车运水，微风即转，不少停休。推外洋之风车收风较大，甚合用。九曰粪田，或用人鸟之矢溺。或将地二分之，耕其一，牧其一，今年之牧地，即明年之耕地。或种豆制油，以豆粕肥田。或沤腐枝叶，以供肥垒。或堆土和以枝叶，徐徐烧之，功等地肥。或将贝壳、牡蛎烧之磨粉，亦可肥田。

右述九事，为理国之经，治生之本。世有达者，举而行之，获益匪鲜也。

田家历一卷

（说郛丛书本）

程羽文撰。案：羽文系吴郡今江苏省苏县人，年代不可考。是书述农人于每月应作之农事，列为月表。凡播种、收获等事，农人遵之不失时也。

正月：粪田，舂米，种林檎，栽桑柘，开荒。二月：种芋，种胡麻，种茄，种桃，种梨，种樱桃。三月：移茄，种豆，种稻，种葱，种姜，种瓠。四月：收获蔓菁、芥、萝葡等子，锄葱，收笋，伐木。此月伐木不蛀。五月：种蜀芥，种麦，种黍，种粱，种麻。六月：收芥子，收苜蓿，种小蒜，种萝葡，斫竹不蛀。七月：种蜀芥，分薤，收荷叶，收瓜蒂，收楮子。八月：收薏苡，收江豆，开蜜，收枣，收胡桃。九月：采菊，种麦，种稻，种蒜，种莲，收木瓜。十月：收诸般谷类及豆类、种瓜、种葵。十一月：刈蒿棘，采薪，造农器，折麻放麻。十二月：收粪，粪地，造农器。

吴下田家志一卷

（说郛丛书本）

宋陆泳撰。案：泳系吴郡今江苏省苏县人。此卷题曰三旬，每月三十天，分为上、中、下三旬。以干支配日及节候，推测农事之宜忌。更以现时之天象推测风雨，验之不爽。

上旬交月雨，主月内多雨。中旬自十一至二十日，下旬自二十一至三十日也。

风吹月建，主米陡贵。

春雨甲子，乘船入市。夏雨甲子，赤地千里。秋雨甲子，禾头生耳。冬雨甲子，飞雪千里。甲子旬中无燥土，久雨天晴，且看换甲。

立春一日，百草回芽。大寒无过寅，五日寒食便下田。清明断雪，谷雨断霜。未吃端午粽，寒衣未可送。黄梅三时才出门，蓑衣蒻帽必随身。朝立秋，暮飕飕。八月初一雁门开，懒妇刀尺裁。一九、二九，弗出手。九九犁钯一齐出。耕田、栽秧、忌日痕。

种麦宜庚午、辛未、辛巳、辛卯、庚子、庚戌。种豆宜甲子、乙丑、壬申、丙子、戊寅、壬午、壬寅。种瓜宜甲子、乙丑、辛巳、庚子、丙寅、乙卯。种菜宜戊寅、庚寅、辛卯、壬戌。种芋宜壬申、辛巳、壬午、庚未。种移栽果子，忌壬戌、丙戌。取纳六畜，忌出入鹤神方向。

蚕桑织物纪要一册

（河南蚕桑编务局编刊）

清陈宝箴、魏纶先序。案：宝箴，广西省义宁县人。纶先，湖南省衡阳县人。

是书于光绪七年，奏创兴蚕桑织务折，劝添种湖桑示，祥符县开局禀，劝种桑养蚕通饬，春分时发湖桑通饬，新栽湖桑须剪本不准移栽通饬，劝种葚桑及种法通饬，采办桑秧委员禀，陈购买桑秧之大小、桑秧起土之节候、盘捆桑根、起运、栽种等方法。此册之末附《蚕桑要略》一编，分种桑法，一辨养种，二种桑葚，三治畦种葚，四栽地桑，五移桑树，六栽培湖桑，七修桑树，八盘压，九接桑，十剪修，十一去虫，十二收霜桑叶。养蚕法，一蚕种，二饲蚕，三上蔟，四蒸蚕，五缫丝，六收种，七避忌。养野蚕法，一种树。二养蚕。三纺织。叙述极为详明。蚕桑织工依法行之，获利必厚也。